LA NARRATIVA DE MARÍA LUISA BOMBAL:
Una visión de la existencia femenina

LUCÍA GUERRA-CUNNINGHAM
Universidad de California, Irvine

LA NARRATIVA DE MARIA LUISA BOMBAL:
Una visión de la existencia femenina

Colección Nova Scholar

*Para EMA MOLINA y LUZMIRA TORRES,
en reconocimiento del esfuerzo y la fe
que hicieron posible la superación del
«segundo sexo».*

© Lucía Guerra-Cunningham, 1980

Depósito legal: M. 28.222-1980
I. S. B. N. 84-359-0231-5

Diseño de la cubierta: Tony Evora

Colección Nova Scholar

Editorial Playor
Dirección Postal: Apartado 50.869
Dirección Oficina Central: Santa Polonia, 7. Madrid-14
Teléfono: 230 60 97

Printed in Spain
Impreso en España por Gráficas Ramos

INDICE

INTRODUCCION

Aun cuando María Luisa Bombal ocupa un lugar destacado
en la narrativa hispanoamericana, tradicionalmente la crítica
se ha limitado a estudiar su obra en forma parcial. En realidad,
sólo en estos últimos años se ha intentado presentar una visión global de su producción literaria ofreciendo una justa
valoración de aquellos cuentos que habían permanecido ignora-
dos. Es más, debido a que la escritora se alejó del ambiente
artístico latinoamericano hacia 1940, durante varias décadas,
fue considerada una figura misteriosa y enigmática acerca de
la cual se desconocían aspectos vitales para la comprensión de
su obra. La deficiencia más notable de la crítica no reside, sin
embargo, en el desconocimiento de los aspectos antes mencionados; a pesar de que la crítica en forma unánime ha afirmado
que María Luisa Bombal plantea en sus obras conflictos típicamente femeninos, hasta ahora no se han definido o delimi-
tado aquellos elementos que constituirían una expresión pri-
vativa del sexo femenino en una época o una sociedad particular.

El presente estudio ha sido motivado por el deseo de su-
perar en parte las limitaciones ya señaladas. En primer lugar,
gracias a la oportunidad brindada por María Luisa Bombal
quien en repetidas ocasiones nos concedió largas entrevistas,

nos ha sido posible estudiar el corpus *total de su obra dentro
de un contexto que incluye la formación de la autora, sus preferencias estéticas, los elementos predominantes en su ideología y las motivaciones concretas en la génesis y contenido de
sus creaciones. Partiendo de una organización ordenada cro-
nológicamente, hemos logrado así no sólo determinar las cons-
tantes al nivel de la visión del mundo, sino también destacar
aquellas variables que son indicio de un desarrollo y trayectoria en su producción literaria. Asimismo, basándonos en
valiosas investigaciones sociológicas y antropológicas, hemos
intentado aproximarnos a la obra de la autora destacando los
elementos esenciales de la problemática femenina inserta en el
contexto social e histórico correspondiente. El hecho de que
el elemento clave en la narrativa de María Luisa Bombal sea
precisamente la representación de la mujer y sus conflictos desde una perspectiva interior, hace imperativo determinar las
características de la vivencia femenina a partir de los roles
primarios asignados por la sociedad y los valores y preconcepciones resultantes. La visión de la autora con respecto a la
dialéctica de los sexos debe comprenderse, por lo tanto, dentro del contexto de la ideología dominante en la clase social
con la cual ella se identifica. En nuestra opinión, sólo desde
este contexto más amplio, aquellos elementos intrínsecos tales
como la figura de la heroína, los motivos recurrentes o el modo
narrativo adquieren un sentido pleno.*

*La obra de María Luisa Bombal es representativa de un
fenómeno literario que hasta ahora no ha sido suficientemente
estudiado. Como en la narrativa de otras escritoras latinoamericanas de la época, en ella se evidencian aspectos que se relacionan con la problemática particular de la mujer y que ponen
de manifiesto las características singulares de la creación
femenina. En este sentido, el presente estudio constituye una*

primera aproximación a este fenómeno literario que sólo recientemente ha comenzado a revalorizarse dentro de una perspectiva crítica que se adecúa de manera más exacta al objeto estético.

Deseo expresar mi gratitud a Iván Droguett, maestro y amigo, quien me inició en la ardua tarea de la crítica literaria; vayan también mis agradecimientos a Juan Villegas, colega que ha hecho posible un diálogo intelectual siempre estimulante y a Elba Peralta por su apoyo y amistad. La realización de este proyecto fue posible gracias a dos becas otorgadas por la Universidad de California, las cuales facilitaron, en gran medida, mi investigación en Chile. Deseo también expresar mi reconocimiento a Justo Alarcón, director de Referencias Críticas en la Biblioteca Nacional, quien me proporcionó un valioso material bibliográfico. Finalmente, vaya mi gratitud a Lourdes Ordóñez por su eficiente trabajo en la preparación del manuscrito.

L. G-C.
Irvine, California

I

ANTECEDENTES IDEOLOGICOS Y ESTETICOS

En la trayectoria de la literatura y el arte en general, cada período se caracteriza por una cosmovisión en la cual se destacan preocupaciones singulares, preferencias por sectores específicos de la realidad incorporados en la obra artística y modos determinados en la plasmación de temas y motivos característicos. Antes de emprender el estudio de la producción literaria de María Luisa Bombal, estimamos conveniente señalar aquellos elementos culturales e ideológicos que, en cierta medida, afectaron su visión de la realidad; como todo escritor inserto en un grupo social, María Luisa Bombal no sólo es portavoz de un conjunto de ideas características del contexto social e histórico en el cual se produjo su obra, sino que también la escritora comparte con un grupo de artistas de su época un conjunto de valores y categorías con respecto a la función del arte, sus contenidos específicos y las técnicas elaborativas.

Examinar las variables culturales de una época determinada no significa explicar la obra de María Luisa Bombal a partir de correspondencias más o menos exactas entre su creación y la de otros escritores coetáneos que hayan tenido alguna influencia en ella. Bien sabemos que todo buen escritor infunde originalidad a los temas más significativos de su época, añadiendo dimensiones artísticas singulares a aquellos contenidos por los cuales su generación siente preferencia. Sin embargo, la comprensión de una obra literaria debe ir más allá de su contenido intrínseco para investigar en las ideas filosóficas y estéticas de un contexto más amplio que corresponde al ambiente social y artístico.

Con el objetivo de penetrar en un aspecto hasta ahora ignorado en el estudio de la producción literaria de María Luisa Bombal, nos detendremos a examinar el ambiente en el cual transcurrieron sus años de formación, destacando, en especial, los elementos estéticos dominantes, los contactos personales y sus lecturas preferidas.

Entre los escritores chilenos, María Luisa Bombal posee una formación *sui generis* que la distingue de la mayoría de sus compatriotas. Esta peculiaridad se debe, principalmente, a las circunstancias en las cuales transcurrió la etapa decisiva de su juventud. La escritora nació el 8 de junio de 1910, en una familia de la alta burguesía que tenía su residencia en Viña del Mar. A los doce años, tras el fallecimiento de su padre, viajó a París, ciudad donde permanecería hasta 1931. Sus nueve años de estadía en París son de vital importancia si consideramos que toda su educación la recibió en aulas francesas. Como alumna del colegio Nôtre Dame de L'Assomption y del liceo La Bruyère, no sólo adoptó el francés como segunda lengua, sino que también recibió una formación intelectual diferente a la impartida en Chile.

Desde pequeña, María Luisa Bombal demostró una inclinación innata por las letras que la motivó —ya a la edad de siete años— a escribir sus primeros poemas titulados: «El canario», «La noche» y «La golondrina». Este interés la impulsó, en el nuevo ambiente europeo, a dedicarse al idioma francés. A los dieciséis años, rindió su bachillerato en «Latin

Langues» y obtuvo las más altas calificaciones en gramática y literatura. Posteriormente ingresó en la universidad de La Sorbonne, plantel en el que obtuvo su título en literatura francesa con una tesis escrita sobre la obra de Prosper Mérimée. Su dedicación a la lengua francesa respondía, según María Luisa Bombal, al anhelo de convertirse en escritora. Es importante notar que, como estudiante universitaria, participó en un concurso literario dirigido por Fortunat Strowsky en el que obtuvo su primer triunfo en el oficio de las letras con un cuento escrito en francés. La joven había adoptado plenamente aquel lenguaje aprendido en la niñez y no podía menos que considerarlo suyo. María Luisa Bombal recuerda: «El francés, la lengua que fuera entonces en la que yo viviera, hablara, escribiera, la lengua que yo amara y creyera habría de ser la mía en mi anhelo de futuro escritor» [1]. Sin embargo, más allá de las actividades que la convertían en una típica muchacha francesa, María Luisa Bombal sentía la necesidad de retornar a sus raíces, de regresar al castellano que ella define como «el más hermoso y altanero de los idiomas» [2]. El francés era, de acuerdo a las circunstancias, la lengua en la cual ella escribiría «aunque, sin embargo, en todo aquel tiempo un impulso natural, un interés, algo así como un segundo secreto amor me llevara a seguir leyendo y escribiendo... en castellano, fuera y aparte de mis estudios obligatorios» [3].

Durante los años de su adolescencia, leía con frecuencia *Victoria* de Knut Hamsun y las novelas de la escritora sueca Selma Lagerlöf. En estos autores nórdicos, la joven admiraba

[1] Discurso pronunciado por la autora al recibir el premio de la Academia Chilena de la Lengua que le fue otorgado el 22 de septiembre de 1977.
[2] *Ibid.*
[3] *Ibid.*

la penetración en los conflictos sicológicos y la creación de una atmósfera de irrealidad, dos aspectos que posteriormente elaborará en sus propias obras. Refiriéndose a la obra de aquellos autores que tuvieron una gran influencia en ella, María Luisa Bombal declara: «Mi vida literaria comenzó con el embrujo de Andersen, con el hallazgo de *Victoria,* de Knut Hamsun; con ese imposible del amor: *Werther,* de Goethe, ese mismo que se iría desdibujando con los años, por su estiramiento y retórica; y con Selma Lagerlöf, todos los nórdicos, puro ensueño y tragedia, entre brumas y tentaciones» [4]. Aparte de la lectura en castellano, se dedicaba a la creación literaria y, ya a la edad de quince años, había escrito una obra de teatro que recibió los elogios de Ricardo Güiraldes. El escritor argentino vio en ella «una imaginación prodigiosa» y le aconsejó que escribiera una novela [5].

Motivada por un profundo interés en el arte, la escritora en ciernes no sólo exploraba el francés y el castellano con pasión, sino que también se dedicaba a incursionar en la música y la actuación dramática. Hasta los diecisiete años tomó clases de violín y tuvo, entre sus profesores, al conocido maestro Jacques Thibaut. Por otra parte, durante el período en que asistía a La Sorbonne, ingresó en L'Atelier, uno de los centros teatrales parisinos que entre 1922 y 1940 gozó de fama mundial. Charles Dullin, su fundador y director, propició desde allí un teatro experimental de vanguardia y tuvo entre sus discípulos a figuras tan importantes como Antonin Artaud y Jean-Louis Barrault. Este último asistía al taller como alumno en

---

[4] «María Luisa Bombal: Los poderes de la niebla», *Ercilla,* 8-IX-1976, pág. 40.

[5] Entrevista con Victoria Pueyrredón para «Quién es Quién» (Suplemento de *Comentarios Bibliográficos Americanos,* Montevideo: Eduardo Darino, Editor, 1973-74, pp. 5-6).

la misma época en que María Luisa Bombal tomaba cursos de arte dramático.

El hecho de que la juventud de la autora haya transcurrido en París es altamente significativo para determinar su afinidad con un conjunto de posiciones estéticas y filosóficas. Ella misma ha declarado que fueron sus experiencias en Francia las que la convirtieron verdaderamente en escritora [6]. Además, es importante mencionar que con frecuencia asistía a las conferencias de Paul Valéry y otras importantes figuras del ambiente literario francés [7]. Entre 1909 y 1930, se produjo en Europa una etapa de efervescencia artística en la cual se sucedieron vertiginosamente las nuevas posiciones estéticas de movimientos de la vanguardia tales como el futurismo, el expresionismo, el cubismo, el dadaísmo y el surrealismo. La aparición de numerosas revistas, folletines y carteles, las comentadas exposiciones de pintura y los «escándalos» de un grupo de escritores que se consideraban revolucionarios e iconoclastas hicieron de París la capital de los «ismos» donde se publicaron los más importantes manifiestos de la vanguardia [8].

El surgimiento de una nueva estética vanguardista respondió a factores de tipo socio-económico y filosófico que determinaron un cambio ideológico y, por ende, una nueva visión del mundo. La comprensión de este fenómeno y de los procedimientos artísticos adoptados por la vanguardia es de esencial importancia para entender la obra literaria de María Luisa Bombal. Por lo tanto, es necesario destacar los aspectos más

---

[6] *Ibid.*

[7] Entrevista con María Luisa Bombal (Noviembre 1977).

[8] En el completo estudio de Guillermo de Torre titulado *Historia de las literaturas de vanguardia,* se ofrecen importantes documentos y datos sobre las numerosas actividades de los grupos vanguardistas en París. (Madrid: Ediciones Guadarrama, 1965.)

importantes de esta serie de movimientos en los cuales existe una característica unificadora, definida por Guillermo de Torre como «un nuevo espíritu mundial de descentralización» [9].

El vanguardismo representa una profunda cesura en la trayectoria del arte pues postuló una nueva visión de la realidad elaborada a partir de procedimientos que revolucionaron lo hasta entonces aceptado como «artístico» [10]. Esta cesura tiene sus orígenes en la crisis del sistema positivista que había planteado al Hombre como un individuo racional que se desplazaba en una sociedad cuya meta principal era el progreso. Las premisas de John Locke implicaban la seguridad de un mundo objetivamente definido a partir de la razón, por otra parte, la individualidad del Hombre sólo adquiría sentido en la medida en que ésta funcionara dentro de un grupo colectivo. El nuevo pensamiento existencialista rompe la seguridad de lo tangible y propone una nueva visión que dominará todo el siglo xx. Sören Kierkegaard define al Hombre como un ser que se debate en la angustia de una existencia solitaria y que debe encontrar su autenticidad lejos de una sociedad que lo amenaza con allanar toda conciencia de sí mismo. Esta soledad ontológica definida posteriormente por Martin Heidegger como «el estado de yecto» modifica sustancialmente las formas y contenidos de la literatura del siglo xx. El ambiente social ampliamente descrito por la novela realista o naturalista, por ejemplo, pierde toda importancia para dar paso a la dimensión interior de un personaje que se debate consigo mismo.

El concepto de Locke y Descartes de que la realidad podía

---

[9] *Ibid,* p. 23.

[10] Arnold Hauser asevera que las modificaciones estéticas producidas en este período constituyen el cambio más fundamental desde el Renacimiento. (*Historia social de la literatura y del arte,* tomo III, Madrid: Editorial Labor, S. A., 1974, p. 273.)

ser aprehendida por los sentidos a través de un acercamiento objetivo y científico significó, al nivel estético, la correspondencia exacta entre la obra de arte y la realidad concreta que trataba de imitar. En efecto, la larga tradición realista posee una característica uniforme que tiene su fundamento en esta dimensión mimética de la obra artística. A principios del siglo xx, la realidad exterior definida a partir de la razón se fragmenta y descompone. Albert Einstein descubre la relatividad del objeto y, en consecuencia, destruye el concepto de una realidad fija y permanente. Sigmund Freud penetra en los misterios del subconsciente y descubre la importancia de una subrealidad objetivamente intangible.

Bajo la influencia de estas nuevas teorías científicas, el artista de vanguardia rechaza la validez de lo objetivo y convencional para ampliar los límites de una realidad rica en contenidos inexplorados. Los cubistas descubren la belleza de lo primitivo y experimentan con el objeto visto desde diferentes perspectivas; los surrealistas, por su parte, incursionan en las esferas de lo mágico-maravilloso y penetran en los misterios de los sueños.

Tradicionalmente, el tiempo se había concebido como un elemento objetivo y medible en el cual el Hombre se desplazaba en un pasado y un presente claramente delimitados. Los nuevos conceptos expuestos por Henri Bergson con respecto al tiempo subjetivo modificaron de manera notable la obra de arte en la cual ahora se trató de capturar la simultaneidad. Específicamente en la novela, el orden lógico del nivel temporal se reemplazó por la fluidez amorfa del tiempo subjetivo en el cual confluyen varios contenidos de conciencia y se da la inmanencia del pasado en el presente.

Para esta nueva visión del mundo, el lenguaje y la expresión convencional pierden toda validez. El concepto positivista

2

de que el lenguaje tiene como función transmitir el conocimiento de las cosas y que, por lo tanto, la palabra debe corresponder a las cualidades primarias del objeto resulta obsoleto e inadecuado. Los dadaístas se rebelaron en contra de lo lógico y establecido del lenguaje para sustentar su movimiento en el nihilismo de lo absurdo. Demás está decir que ésta fue una posición extrema aunque pone de manifiesto una actitud generalizada de todo el movimiento vanguardista. Los escritores de este grupo se opusieron a las formas lingüísticas racionalmente creadas, rechazaron los cómodos clichés y buscaron la espontaneidad de la expresión para capturar una realidad caótica y compleja.

Estos nuevos conceptos y postulados artísticos encontraron pronto eco en Hispanoamérica. Por lo tanto, el regreso de María Luisa Bombal a Chile en 1931 no modificó radicalmente las circunstancias de su ambiente literario [11]. A principios de 1933, la escritora viajó a Argentina, donde permanecería hasta 1940. Los dos primeros años, período de gestación de *La última niebla* (1934), se hospedó en la casa de Pablo Neruda con quien compartía la mesa de la cocina para escribir. Mientras ella trabajaba en su primera novela, Neruda se dedicaba a escribir los poemas que posteriormente aparecerían bajo el título de *Residencia en la tierra,* obra que ocupa un lugar señero en la poesía vanguardista hispanoamericana. La autora recuerda que ambos se mostraban lo que cada uno es-

---

[11] El movimiento vanguardista chileno se inició alrededor de 1920, fecha de aparición de la revista *Claridad,* fundada por Pablo Neruda. Posteriormente aparece la revista *Andamios* en la cual se publican, en tres números sucesivos, trozos del *Ulises,* de James Joyce. Hacia 1928, un grupo de escritores se unen en la revista *Letras* para criticar acerbamente las limitaciones del criollismo y abogar por una literatura que explore las dimensiones de la realidad interior.

taba escribiendo y que, a veces, entablaban largas discusiones sobre aspectos estilísticos en los cuales diferían [12].

En Buenos Aires, inició estrechos lazos de amistad con importantes figuras del ambiente literario argentino, entre ellos se destacan: Victoria Ocampo, Jorge Luis Borges, Oliverio Girondo, Norah Lange, Silvina Ocampo, Guillermo de Torre y Pedro Henríquez Ureña. En un medio de vasta actividad artística, María Luisa Bombal asistía a reuniones y tertulias que contaron con la participación de los escritores y pensadores españoles más representativos de la época: Federico García Lorca, Ramón Gómez de la Serna, Amado Alonso y José Ortega y Gasset [13].

Todos estos intelectuales se agrupaban alrededor de la revista *Sur,* dirigida por Victoria Ocampo. Las palabras preliminares publicadas en el primer número de esta revista fundada en 1931 dan una idea de los intereses y la posición estética de esta generación. A través de ellas, Victoria Ocampo define el doble objetivo de *Sur*: por una parte, se desea explorar y redescubrir el Continente americano definido —según el pensador norteamericano Waldo Frank— como «un oculto teso-

---

[12] María Luisa Bombal recuerda, por ejemplo, que al criticarle a Neruda la imagen «asustar a una monja con un golpe de oreja» («Walking Around»), se inició una discusión que se prolongó por dos días. La escritora no compartía la visión del Hombre como ser prisionero de la desintegración del mundo moderno y dicha imagen le parecía «cruel y grotesca». (Dato obtenido en entrevista con la autora en diciembre de 1977.)

[13] La escritora destaca la importancia de este ambiente al aseverar: «Vivir en medio de lo más representativo del mundo intelectual y artístico que se congregara allí en aquel momento. Fue allí, en ese mundo y en aquel momento, que fuera mi destino el elegir escribir y publicar mi primer libro en castellano». (Discurso en la Academia Chilena de la Lengua, 22 de septiembre de 1977.)

ro», al mismo tiempo, se espera promover la difusión de los movimientos artísticos europeos más recientes [14]. La afiliación vanguardista de *Sur* se hace explícita tanto en los temas tratados como en las colaboraciones de importantes figuras del movimiento en Argentina y Francia: Jorge Luis Borges, Guillermo de Torre, André Breton y Paul Eluard.

Además del profundo interés en los movimientos de vanguardia, se observa en la revista, principalmente a través de los ensayos de su directora, una posición ideológica con respecto a la mujer y su rol en la sociedad. Esta ideología resulta importante en la comprensión de aquellas obras escritas por María Luisa Bombal durante su estadía en Argentina pues *La última niebla* (1934), *La amortajada* (1938) y «El árbol» (1939) presentan una visión de la mujer que coincide con las ideas predominantes en dicho ambiente y época.

Este hecho hace imprescindible el examen más o menos detallado de las circunstancias e ideas que configuraron una posición feminista particular en el sector de intelectuales provenientes de la alta burguesía. En una carta escrita a María de Maeztu, el 16 de diciembre de 1931, Victoria Ocampo expresa su deseo de publicar en ediciones «Sur» las obras de Virginia Woolf. Tal interés se debía en gran parte a una afinidad de pensamiento con respecto a la posición de la mujer en la sociedad. Es interesante constatar que los conceptos ex-

---

[14] Posteriormente, se añade el anhelo de convertirse en portavoz de la vanguardia argentina. En el núm. 8 de la revista *Sur,* publicado en septiembre de 1933, se especifica: «Esta revista no constituye la reedición de otras revistas argentinas; *Sur* se esforzará en revelar valores jóvenes, formados en disciplinas nuevas, auténticamente despiertas ante la miseria actual del espíritu. *Sur* no desea ser un catálogo oficial de nombres, sino campo donde se produzca el afloramiento de una nueva inteligencia». (p. 158.)

puestos por Victoria Ocampo en «La mujer y su expresión» (*Sur*, núm. 11, 1935), se asemejan a aquéllos entregados por Virginia Woolf en su conferencia «A Room of One's Own» (1928) que fuera posteriormente publicada en *Sur* bajo el título de «Un cuarto propio» [15].

En ambos ensayos se plantea la vida de la mujer como tronchada por la acción de factores económicos y sociales que le niegan toda posibilidad de una completa realización. En una sociedad que le asignó el matrimonio como única meta, la mujer durante siglos, ha estado condenada a la dependencia económica y la vida aislada en el hogar. Estas circunstancias, según Virginia Woolf y Victoria Ocampo, la transformaron en un ente silencioso y sin voz en la política, las leyes y las artes, actividades públicas de la sociedad a las cuales sólo los hombres han tenido acceso. El examen que ambas autoras hacen de las circunstancias de la mujer en el pasado responde al objetivo de denunciar la necesidad de un cambio en el momento actual. Es más, ambas incitan a la mujer de sus respectivos Continentes a expresar y dar a conocer los problemas y vivencias del sector femenino de la Humanidad que hasta ese momento se habían mantenido en una silenciosa penumbra [16].

---

[15] Este ensayo que en 1936 fue publicado por ediciones «Sur» apareció dividido en cuatro partes, en los siguientes números de la revista *Sur*: núm. 15 (diciembre 1935), pp. 7-29; núm. 16 (enero 1936), pp. 26-58); núm. 17 (febrero 1936), pp. 41-61 y núm. 18 (marzo 1936), pp. 46-81. En 1937, Victoria Ocampo publicó en la revista un ensayo titulado «Virginia Woolf, Orlando y Cía.» (núm. 35, agosto 1937, pp. 10-67), en este mismo año, su casa editorial dió a luz la versión castellana de *Orlando*. La escritora argentina conoció personalmente a Virginia Woolf en 1934, fecha en que iniciaron estrechos lazos de amistad.

[16] Celia Zapata ha estudiado en detalle las coincidencias ideológicas de ambas escritoras en su estudio «La rebeldía en el ensayo: Vic-

Esta posición ideológica de clara denuncia expresa la situación particular de las décadas de los años veinte y treinta. La lucha por el sufragio universal iniciada por las inglesas a principios de siglo fue el resultado de una toma de conciencia de las limitaciones de la mujer en las esferas más significativas de la sociedad. Simultánea a este movimiento feminista militante que tuvo lugar en Europa y algunos países latinoamericanos, se dio una corriente menos explícita y menos doctrinaria que encontró un portavoz en la literatura femenina de la época.

En las obras de escritoras como Katherine Ann Porter, Willa Cather y Virginia Woolf, se observa la presentación de personajes femeninos cuyos anhelos interiores están en una situación conflictiva con los modelos asignados por una sociedad que les ha adjudicado el rol fundamental de madre y esposa.

De las escritoras europeas, Virginia Woolf fue la más conocida en Argentina, gracias a la difusión que Victoria Ocampo hizo de sus obras. La visión de la existencia femenina entregada por Virginia Woolf en su ficción refleja contenidos ideológicos que eran compartidos por las intelectuales del país sudamericano. En novelas tales como *La señora Dalloway* (1925) y *Al faro* (1927), la escritora inglesa elabora, a la manera vanguardista, la presentación de personajes femeninos que se destacan como prototipos de la mujer burguesa cuya existencia transcurre en la dualidad conflictiva de la vida social y la vivencia interior. Tras las apariencias de una vida matrimonial feliz y tranquila, estos personajes experimentan la frustración de anhelos y aspiraciones no cumplidas. Por esta

toria Ocampo y Virginia Woolf», *Mujer y sociedad en América Latina,* editado por Lucía Guerra-Cunningham (Santiago, Chile: Editorial del Pacífico, 1980), pp. 161-175.

razón, en medio de faenas cotidianas totalmente intrascendentes —preparar una fiesta, coser un vestido o medir una media— la heroína nos descubre una dimensión interior plena de conflictos, dudas, deseos y sensaciones. De esta manera, los eventos exteriores de la acción de la novela se transforman en vagos puntos de una realidad concreta compuesta de detalles pedestres. Estos elementos accesorios sólo son importantes en la medida en que nos conducen al conocimiento interior del personaje. Es obvio que esta relación con el ámbito exterior implica un estado de alienación puesto que, en el fondo, la señora Dalloway y la señora Ramsay viven en completa soledad consigo mismas en una sociedad en la cual la expresión de las dudas y anhelos más íntimos de una mujer violaría los límites de la convención social.

María Luisa Bombal afirma que la lectura de las obras de Virginia Woolf la impresionó profundamente [17]. Aunque la escritora nunca denunció explícitamente la situación de la mujer como lo hizo Virginia Woolf en sus conferencias y ensayos, es evidente, según se demostrará en los análisis posteriores de este estudio, que su concepción de la mujer posee importantes puntos de contacto con la ideología de la autora inglesa. Como lo han demostrado algunos estudios sobre la obra de María Luisa Bombal, se observa en ambas escritoras una semejanza en cuanto a la temática tratada, el tipo de personaje femenino y algunos modos de elaboración, tales como el predominio de la interioridad, la poetización de la prosa y la ambigüedad [18].

---

[17] Entrevista con María Luisa Bombal (septiembre de 1977).

[18] Este aspecto ha sido estudiado por: Luisa Cárcamo, Gloria Inostroza y Patricia Mens, «Virginia Woolf y María Luisa Bombal» (tesis no publicada, Colegio Regional de Temuco, 1971); Ilse Adriana Lurashi, «Coincidencia, ideología y ambigüedad: María Luisa Bombal,

En las primeras obras de María Luisa Bombal, se concibe
a la mujer como un ser instintivo y vital cuyos impulsos son
reprimidos por el orden social burgués; a partir de 1939, fecha
de publicación del cuento «Islas nuevas», se observa una omisión de las circunstancias sociales específicas en las cuales
transcurre la existencia de la mujer latinoamericana. La autora
comienza a dar mayor énfasis a la esencia de lo femenino íntimamente ligado al ciclo cósmico y amplía los límites de su circunstancia al mundo moderno en general. Por lo tanto, si en
La última niebla, La amortajada y «El árbol», la esencia femenina era tronchada por las regulaciones de la institución
matrimonial, en sus obras posteriores («Islas nuevas», «Trenzas» y «La historia de María Griselda»), el conflicto proviene
básicamente de los valores positivistas del mundo moderno que
es incapaz de reconocer los atributos misteriosos y ancestrales
de la mujer.

El viaje de María Luisa Bombal a Estados Unidos en 1940
y su permanencia en ese país parecen acentuar su visión de la
sociedad moderna como un microcosmos dominado por la ciencia y la tecnología. Así, en su crónica poética «Washington,
ciudad de las ardillas» —publicada en 1943— la autora se
refiere a la actividad pragmática y utilitaria en esta ciudad
usando la metáfora de la «Gran Máquina del Mundo» descrita como un monstruo febril que requiere ser alimentado por
el trabajo constante, las faenas burocráticas y las estrategias
políticas. En este mundo dominado por la urgencia y las exi-

Katherine Mansfield y Virginia Woolf» (ponencia presentada en el
«Tercer Congreso de Escritoras Latinoamericanas», Ottawa, mayo de
1978) y Violeta Verdugo, «La técnica narrativa de María Luisa Bombal»
(tesis no publicada, Universidad Católica de Santiago, 1963).

gencias del reloj, ya no se presta atención a «los amaneceres, los atardeceres y el amor, leyes naturales que pueden esperar»[19]. Como una manera de reafirmar la magia y la fantasía de un mundo natural misterioso, María Luisa Bombal se detiene a hablarnos de las ardillas que viven en los parques de Washington. Mientras los hombres aprisionados por la Gran Máquina del Mundo se debaten en una lucha contra el Tiempo, estos pequeños animales hurgan en los misterios de la tierra, se transforman en seres fantásticos y son testimonio de los verdaderos valores de la vida en su inocencia e inutilidad.

De esta oposición entre la Naturaleza y el mundo moderno mana el conflicto básico en las últimas obras de María Luisa Bombal. Y la mujer, como prolongación de las fuerzas cósmicas, adquiere dimensiones míticas que se elaboran a partir de lo fantástico y lo maravilloso, modos de presentación de una realidad que se asemejan a aquélla presentada en algunos cuentos de Prosper Mérimée, aunque en ellos subyace una cosmovisión diferente.

Este cambio de énfasis nos ha conducido a dividir su obra en dos etapas, según las características de la heroína y el tipo de conflicto presentado. Ambas etapas constituyen, sin embargo, una totalidad significativa por medio de la cual María Luisa Bombal responde a preguntas que cada día adquieren mayor validez. Aunque generalmente se ha estudiado su narrativa desde un punto de vista formal, la preocupación más importante de la autora se relaciona con una definición de la mujer y su lugar en el mundo.

Al explorar los antecedentes ideológicos y estéticos en la formación de María Luisa Bombal, se destacan experiencias,

---

[19] María Luisa Bombal, «Washington, ciudad de las ardillas», *Sur,* núm. 106 (1943), p. 32.

lecturas y contactos personales que reflejan una orientación general en su producción literaria. Si bien estos factores resultan valiosos para la comprensión de su obra, debemos señalar que los contenidos y la originalidad de su creación artística han sido los verdaderos valores que han convertido a María Luisa Bombal en una de las más importantes escritoras hispanoamericanas.

PRIMERA PARTE

IMAGEN SOCIAL DE LA MUJER

II

TEXTO Y CONTEXTO: HACIA UNA DEFINICION DE LA PROBLEMATICA DE LA MUJER LATINO-AMERICANA DURANTE LA PRIMERA MITAD DEL SIGLO XX

En las primeras obras de María Luisa Bombal, se destaca una visión del mundo que revela la existencia de la mujer como una búsqueda solitaria e infructuosa del amor en una sociedad cuyas normas tronchan toda posibilidad de realización. Este planteamiento de la existencia femenina refleja la problemática de la mujer en el contexto histórico y social de Latinoamérica durante la década de los años treinta.

En *La última niebla* (1934), *La amortajada* (1938) y «El árbol» (1939), las protagonistas se casan sin amor para cumplir con la estipulación social y evitar la marginalidad de aquellas mujeres que no logran la meta del matrimonio. Dentro de este tipo de vida, aprobado por la sociedad, los personajes femeninos enfrentan la frustración y soledad de una relación conyugal que no satisface sus anhelos de comunicación y amor. La insatisfacción las conduce a una intensa vida interior marcada por la búsqueda del amor como única realización de su existencia y por un alejamiento y alienación del ámbito social que las rodea. La ensoñación de un amante imaginario, el monólogo interior en el cual se sublima un amor romántico inexistente en el matrimonio o la reclusión en un cuarto cerrado y ensombrecido por la figura de un árbol constituyen medios de escape para una mujer de la alta burguesía a quien, por las condiciones sociales de un período histórico específico, le resultaba difícil modificar su situación a través de acciones concretas y tangibles.

Aunque la crítica en forma unánime ha destacado que en estas obras María Luisa Bombal plantea conflictos típicamente femeninos, llama la atención el hecho de que no se hayan establecido las razones que sustentan dicha aserción. Calificar un conflicto como representativamente femenino implica descubrir particularidades que lo alejan de una posible asociación con lo masculino y, al mismo tiempo, significa delimitar y definir por qué dicho conflicto es privativo de la mujer. Algunas preguntas vitales para la comprensión de estas creaciones literarias como representación de la problemática femenina tendrían que inquirir en: el carácter de los conflictos y vivencias, la relación de las heroínas con la sociedad y el ámbito natural, la situación existencial específica y, por último, el mensaje entregado en la obra acerca de la mujer y su lugar en el mundo. La respuesta a estas preguntas subyace en el complejo social, económico y filosófico en el cual está inserta la dialéctica de los sexos.

Con el fin de dilucidar un aspecto apenas señalado por la crítica nos proponemos explicar y definir cuál ha sido la posición de la mujer latinoamericana tomando como punto de partida el amplio contexto de la tradición occidental en el cual se asientan las raíces del fenómeno.

Las investigaciones antropológicas han establecido que en todos los grupos sociales se producen claras divisiones basadas en la existencia de dos sexos: el masculino y el femenino. Esta distinción se expresa de manera explícita en los tipos de faenas económicas realizadas por cada sexo, los estilos en la vestimenta, ciertos modos de conducta y algunas funciones determinadas en las actividades sociales y religiosas. De esta manera, en cada grupo social se asignan al hombre y a la mujer ciertos roles específicos que deben adoptar.

Si bien la diferencia basada en los sexos debe considerarse una constante universal, sólo algunas sociedades asumen que a cada sexo corresponden características psicológicas innatas determinadas por diferencias biológicas sexuales. En otras palabras, la distinción entre un temperamento masculino y otro femenino no se da como elemento generalizado y recurrente. En 1935, la reconocida antropóloga Margaret Mead demostró que las características psicológicas atribuidas a cada sexo varían en diferentes sociedades y que, por lo tanto, éstas no se deben a diferencias temperamentales innatas e inmodificables, sino que son el resultado del condicionamiento cultural de una sociedad determinada. En sus estudios de tres tribus de Nueva Guinea, la investigadora norteamericana descubrió que entre los Arapesh la docilidad y la inclinación maternal a cuidar de los hijos eran rasgos psicológicos masculinos mientras que en la tribu de los Mundugumor, lo femenino se asociaba con la agresividad y el vigor físico. Es más, en el pueblo Tachambuli, la mujer no sólo era el elemento consciente y organizador, responsable de la producción y los bienes de consumo, sino que también ella llevaba la iniciativa en las relaciones eróticas en las cuales el hombre se comportaba como un compañero dócil, tímido y sensible que tenía mayor propensión a las habladurías y se encargaba de la decoración y otras labores consideradas femeninas en nuestra sociedad [1].

En la tradición occidental, generalmente se ha concebido el sexo como un factor condicionante de rasgos psicológicos que

---

[1] Margaret Mead, *Sexo y temperamento en las sociedades primitivas* (Barcelona: Edición Laia, 1973).

se manifiestan al nivel de la conducta. Esta concepción ha establecido ideológicamente un sistema de dicotomías que atribuyen al hombre las características innatas de la actividad, el vigor y la habilidad intelectual mientras que a la mujer se la ha concebido como un individuo pasivo, dócil e intuitivo.

Estas preconcepciones que atribuyen determinadas características temperamentales a cada sexo tienen su origen en la estructura económica que tradicionalmente ha asignado al hombre un rol activo en la producción y ha delegado las labores domésticas a la mujer [2]. Como han demostrado recientes estudios antropológicos, esta diferencia en los roles económicos no sólo determinó diferencias en cuanto al *status* y autoridad de cada sexo, sino que también produjo una orientación pública para el hombre y una orientación doméstica para la mujer [3]. Al asumir la función principal de madre y esposa, la mujer se restringió al espacio cerrado del hogar alejándose de las actividades públicas de la sociedad. El hombre, por el contrario, junto con participar activamente en la producción, fijó los códigos legales, eligió sistemas de gobierno, luchó en las guerras, exploró la naturaleza con un afán de lucro e incursionó en las esferas del arte. Estas actividades motivaron la creencia de que el hombre era, por definición, un ser activo, intelectual y agresivo, mientras que a la mujer, generalmente ausente en cada una de estas manifestaciones de la cultura, se

---

[2] Federico Engels establece en *El origen de la familia, la propiedad privada y el Estado* que las causas de la posición subordinada de la mujer se encuentran precisamente en esta división del trabajo que asignó al hombre funciones productivas y confinó a la mujer al ámbito de lo doméstico y privado. (Moscú: Editorial Progreso, 1953.)

[3] Ver los interesantes artículos del volumen *Woman, Culture and Society,* editado por Michelle Z. Rosaldo y Louise Lamphere (Stanford: Stanford University Press, 1974).

la concibió con características innatas opuestas a las ya recién mencionadas.

Sería largo citar las numerosas aserciones de importantes figuras de nuestra tradición que reflejan la visión de la mujer como ser pasivo, dócil y no inclinado a actividades intelectuales. Ya Platón en el *Timeo* afirmaba que la cobardía y la inacción correspondían al sexo femenino. Entre los enciclopedistas franceses del siglo XVIII, Diderot asignaba al hombre el cerebro y a la mujer, la matriz poniendo de manifiesto que la esencia de la mujer se encontraba en su aparato reproductor. Sigmund Freud, en su teoría psicoanalítica, señala la diferencia de los sexos a partir de la oposición «activo-pasivo» distinguiendo dos tipos de placer: el masculino que significa atacar, poseer y dominar y el femenino que opta por ser dominado. La docilidad y dependencia son, según Freud, las características que tiñen toda la existencia femenina. Pero no es necesario acudir a los pensadores para demostrar esta dicotomía, la prueba más fehaciente se encuentra, sin duda, al nivel del lenguaje, fenómeno que expresa una concepción del mundo compartida por la mayoría. En los diccionarios de la lengua se define lo femenino en sentido figurativo como «dócil, gentil, endeble y débil» mientras que lo varonil tiene la connotación de «esforzado, tenaz, valeroso, activo y firme» [4].

La concepción de la mujer como individuo pasivo es indudablemente el producto de su situación en una sociedad patriarcal y tiene implicaciones filosóficas en cuanto a la naturaleza de la existencia femenina. En *El segundo sexo* —la investigación más completa y acuciosa sobre la mujer en la tradición occidental— Simone de Beauvoir ha establecido que el rol do-

---

[4] Según el *Diccionario de la Lengua Española de la Real Academia* y el *Websters Third International Dictionary*.

méstico y secundario de la mujer originó una existencia también subordinada. El hecho mismo de que el cumplimiento de su rol de madre y esposa esté supeditado a la relación establecida emocional y legalmente con el otro sexo significa, en esencia, una situación de dependencia que traspasa los límites de lo económico. La realización de la existencia femenina, según la pensadora francesa, depende del logro del amor y el matrimonio, razón por la cual el hombre se ha convertido en su único destino. Por lo tanto, en el proceso de autoconocimiento la mujer se define a sí misma tomando al hombre como núcleo de referencia. El hombre, en una situación diferente, define su existencia a partir de una variedad de elementos provenientes de sus actividades públicas en el mundo exterior y social. Debido a su posición de independencia y superioridad, él se ha convertido en el Sujeto y en lo Absoluto mientras que la mujer constituye lo incidental, lo inesencial, el Otro[5].

Los valores y categorías de la sociedad latinoamericana deben comprenderse dentro de este contexto. El nuevo continente se organizó a partir del sistema capitalista europeo y, junto con esta estructura económica, adoptó su ideología particular. Importantes estudios sociológicos e históricos han determinado que las preconcepciones latinoamericanas acerca de los sexos son similares a aquéllas predominantes en Europa con la importante variable del fenómeno machista[6]. El machismo

---

[5] Es precisamente a partir de esta dicotomía entre el Sujeto y el Otro que Simone de Beauvoir explica la trayectoria histórica y existencial de la mujer en el mundo de occidente. (*El segundo sexo,* tomos I y II. Buenos Aires: Ediciones Siglo xx, 1962.)

[6] Sobre este aspecto se pueden consultar: *El machismo latinoamericano* de Manuel de Jesús Guerrero (Madrid: Plus Ultra Educational Publishers, Inc., 1977), «Sexismo: Una ideología», de Rosa Marta Fernández en *Imagen y realidad de la mujer,* editado por Elena Urrutia

proviene de un modo de conducta asignado al sexo masculino
en la sociedad española del siglo xv; según el código moral-
sexual de esta época, la virilidad era sustentada por las seduc-
ciones y conquistas amorosas que los hombres realizaran. Esta
tradición que posteriormente los sociólogos han denominado
el mito de Don Juan, sufrió modificaciones al ser introducida
en el nuevo ambiente histórico y natural de América. La con-
quista de territorios trajo consigo el enfrentamiento con una
naturaleza virgen e indomable y, por lo tanto, en esta nueva
lucha se admiró a aquellos hombres que poseían la fortaleza
y agresividad necesarias para subyugar a la naturaleza y ven-
cer cualquier fuerza oponente. Este nuevo prototipo de hombre
se convirtió en un ser admirado que posteriormente resultó el
elegido para ejercer funciones de mando. En consecuencia, en
Latinoamérica se ha considerado viril a aquel individuo que es
capaz de seducir amorosamente, que tiene la fuerza y vigor
para dominar la naturaleza y que posee poder de caudillo.

Dentro de la ideología dominante en Hispanoamérica hasta mediados del presente siglo, se dan preconcepciones que
ofrecen una definición de los sexos y, por ende, una visión
de la sociedad y del mundo que trasciende lo puramente sexual. Estas ideas confirmadas por algunos datos históricos nos
ayudarán a definir por qué *La última niebla, La amortajada* y
«El árbol» deben ser catalogadas como obras representativas
de la problemática de la mujer.

Las investigaciones sociológicas han determinado que el
sistema moral regulador de la conducta sexual en la sociedad
latinoamericana tradicionalmente se ha bifurcado en una duali-

---

(México: Secretaría de Educación Pública, 1975) pp. 62-79 y *Power
& Pawn: The Female in Iberian Families, Societies and Cultures,* de
Ann H. Pescatello (London: Greenwood Press, 1976).

dad que establece normas diferentes para el hombre y la mujer. Al varón se lo ha concebido como un individuo experto en el sexo, polígamo e infiel, por lo tanto, después de establecer lazos conyugales, le es permitido mantener otras relaciones amorosas que constituyen una reafirmación más o menos pública de su virilidad. La mujer, por el contrario, debe defender su virginidad y llevar una existencia fiel y monógama después del matrimonio [7]. Estas normas han sido reforzadas por el código legal que protege al hombre infiel y adjudica una pena menor al marido que mata a su esposa al descubrirla con un amante [8].

La moralidad sexual y su doble estándar condicionó a la mujer latinoamericana a una vivencia amorosa limitada. Situación que adquiere dimensiones conflictivas si se considera que la realización de la existencia femenina, tanto en Europa como en el nuevo continente, está en gran parte determinada por el éxito o fracaso de su relación amorosa con el otro sexo. Nos

[7] Jorge Gissi Bustos en su artículo «Mitología sobre la mujer» ofrece un completo cuadro que cubre la caracterología, la situación moral sexual y la posición existencial y social de ambos sexos según la ideología dominante en Latinoamérica. La mujer se define con los siguientes rasgos sicológicos: suave, sentimental, afectiva, intuitiva, frágil, dependiente y pasiva; en contraposición al hombre que se concibe como: rudo, frío, intelectual, racional, independiente y activo. Las normas de la moral sexual asignan a la mujer la virginidad, la monogamia y la fidelidad mientras que el hombre se considera como un ser polígamo, infiel y experto en lo sexual. (*La mujer en Latinoamérica*, tomo I, editado por María del Carmen Elu de Leñero, México: Secretaría de Educación Pública, 1975, p. 85-107.)

[8] Siguiendo una tradición que data de la Edad Media, en la mayoría de los países latinoamericanos existen códigos que imponen una pena menor al hombre que asesina a su esposa por infidelidad. Ver: Lidia Falcón, *Mujer y sociedad: Análisis de un fenómeno reaccionario* (Barcelona: Editorial Fontanella, 1973), pp. 19-82.

parece altamente significativo que el tema del amor sea un elemento caracterizador de la literatura femenina europea y latinoamericana, pues expresa y hace evidente el planteamiento filosófico de Simone de Beauvoir con respecto a la existencia de la mujer [9]. En las primeras obras de María Luisa Bombal, la búsqueda del amor como único medio de realización es un aspecto clave en la representación de la problemática femenina. En *La amortajada* se hace explícita esta visión de la existencia de la mujer a través del siguiente comentario acerca del amor: «¿Por qué, por qué la naturaleza de la mujer ha de ser tal que tenga que ser siempre un hombre el eje de su vida? Los hombres, ellos, logran poner su pasión en otras cosas. Pero el destino de las mujeres es remover una pena de amor en una casa ordenada ante una tapicería inconclusa» [10].

De la confrontación entre la moral establecida y los anhelos de experimentar las vivencias del amor surge el conflicto básico de estas obras. En una sociedad que condena la infidelidad de la mujer en el matrimonio, las protagonistas deben recurrir a la sublimación que asume las formas de un amante imaginario en *La última niebla,* del motivo de la herida de amor en *La amortajada* y del motivo del árbol en el cuento del mismo nombre. Esta sublimación en soledad produce una ena-

---

[9] Sobre la recurrencia del tema del amor en las literaturas femeninas de habla inglesa y francesa, consultar, por ejemplo, los siguientes artículos: Germaine Brée, «French Women Writers: A Problematic Perspective» en *Beyond Intellectual Sexism: A New Woman, A New Reality,* editado por Joan Roberts, (Nueva York: David McKay Company, Inc., 1976), pp. 196-209 y Elaine Showalter, «Women Writers and the Double Standard» en *Women in Sexist Society: Studies in Power and Powerlessness,* editado por Vivian Gornick y Barbara K. Moran (Nueva York: Basic Books, Inc., Publishers, 1971, pp. 243-323).

[10] María Luisa Bombal, *La amortajada* (Buenos Aires: Editorial Andina, 1969), p. 103.

jenación tanto en el ser individual de la protagonista como en sus relaciones con la sociedad. La realidad concreta y tangible se modifica para satisfacer la dinámica de la realidad interior que, a su vez, corroe las bases de la identificación del ser frente a sí mismo. De esta manera, la sublimación en soledad constituye un elemento representativo de vivencias femeninas que reflejan la situación de la mujer en una sociedad cuyas normas no le ofrecen una salida para el amor conyugal insatisfecho.

Por otra parte, en la situación existencial y social de ambos sexos se observa también una importante dicotomía [11]. El hombre tradicionalmente ha pertenecido al ámbito exterior, al mundo, razón por la cual lleva una existencia dinámica y variada. Aparte de su rol activo en la producción, ha tenido amplia participación en las esferas del arte, de la política y la vida social en general. La existencia femenina, por otra parte, se ha restringido al espacio cerrado del hogar. Durante la década de los treinta, la mujer latinoamericana no tenía ninguna participación política, basta recordar que en Chile, por ejemplo, el sufragio universal sólo se logró en 1948. Además, la participación económica de la población femenina hacia estos años alcanzaba un índice de un 13 por 100, porcentaje del cual una mayoría realizaba trabajos manuales y no especializados [12].

Esta reclusión en el hogar que implica un alejarse de las esferas públicas de la sociedad se refleja tanto en el contenido como en la forma de *La última niebla, La amortajada* y «El

---

[11] Gissi Bustos, op. cit., pp. 87-88.

[12] Según Informe I de las Naciones Unidas, 1962. Para información más detallada de los tipos de ocupación, se puede consultar el libro de Ann Pescatello titulado *Power and Pawn: The Female in Iberian Families, Societies and Cultures* (Londres: Greenwood Press, 1976), páginas 184-197.

árbol». A diferencia de la narrativa masculina de la época en la cual se da una variedad de contenidos que evidencian las preocupaciones nacionales en cuanto a lo social y político, en estas obras se pone énfasis en la interioridad de la protagonista en una situación alienada de lo social. Esta interioridad está cercada por los espacios cerrados de la casa que simbólicamente representan el mundo de las convenciones que previenen el cumplimiento de los anhelos interiores. La naturaleza, ese ámbito libre de lo establecido y regulado, contrasta con el mundo cerrado de la casa y representa, para la heroína, lo vital que despierta un erotismo oculto y sublima lo no satisfecho.

La situación existencial y la trayectoria de las heroínas están marcadas por la resignación, la dependencia y la pasividad, atributos caracterológicos asignados a la mujer latinoamericana de la época. El matrimonio, lejos de constituir el cumplimiento de la meta del amor, ha sido, para las tres protagonistas, un modo de asimilarse a un estado considerado normal por las fuerzas convencionales de la sociedad. Por lo tanto, la entrada misma en la institución conyugal y el consecuente conflicto responden a los deseos de satisfacer lo social y no lo afectivo individual. Es precisamente esta aceptación pasiva de la convencionalidad la que motiva a las protagonistas a encerrarse en sí mismas y a buscar modos de evasión que las protejan de un verdadero enfrentamiento con la sociedad. Es importante notar que la autora misma explica la reacción evasionista de sus personajes femeninos a partir de los factores sociales de la época. En una entrevista reciente ha afirmado: «...cierto es, sin embargo, que debido a la sociedad burguesa en que les tocaba vivir, mis personajes-mujeres se encontraban un tanto desplazadas en el aspecto social. Porque más sentimentales y abnegadas, se retraían de mutuo acuerdo para vivir —o no vivir— calladamente sus decepciones, deseos y pasiones»[13].

Sin embargo, dentro de la visión del mundo entregada en estas obras, la evasión no constituye una verdadera respuesta para la existencia femenina. Es por esta razón que cada una de las heroínas llega a un momento de anagnórisis en el cual se le hace evidente la futilidad del ensueño y el aislamiento. Es interesante observar que en el caso de *La última niebla* y *La amortajada* dicha conciencia de la inutilidad de toda una vida evasionista se da demasiado tarde para asumir una acción y dar un nuevo rumbo a la existencia. Si bien en «El árbol», Brígida, finalmente, abandona a su marido en un acto que podría calificarse como liberador, es importante notar que dicha decisión se adopta por el acto fortuito de la desaparición del gomero que simbólicamente le descubre la futilidad de ese mundo creado bajo la sombra protectora del árbol. El hecho de que la protagonista enfrente la crítica de una sociedad en la cual no existía el divorcio legal no hace de ella, sin embargo, un personaje radicalmente diferente a las protagonistas de *La última niebla* y *La amortajada*; como ellas, Brígida mantiene el amor como única meta de su existencia sin intentar una acción que podría modificar de manera radical el rol asignado a la mujer por las convenciones tradicionales de su sociedad.

La trayectoria de las heroínas pone de manifiesto la complejidad de una situación presentada a través de una perspectiva femenina en la cual existe una conciencia del problema, mas no un planteamiento teórico en cuanto a los modos de modificar las estructuras socioeconómicas que han conducido a la mujer a dicha situación conflictiva. Esta posición ideológica

---

[13] Marjorie Agosín, «Entrevista con María Luisa Bombal», *The American Hispanist,* Vol. III, núm. 21 (noviembre 1977), p. 6.

con respecto a la problemática de la mujer caracteriza gran parte de la novelística chilena producida por las escritoras del período comprendido entre 1930 y 1950 [14]. Por medio de la denuncia implícita, María Luisa Bombal, al igual que sus coetáneas, se limita a presentar a la mujer como un ser tronchado cuya existencia está escindida entre las normas de su sociedad y los anhelos de una realización amorosa que, para la condición femenina de la época, posee un carácter trascendental.

---

[14] Ver mi ensayo: «Pasividad, ensoñación y existencia enajenada: Hacia una caracterización de la novela chilena femenina». *Atenea,* núm. 438 (1978), pp. 149-164.

LA ULTIMA NIEBLA: ENSUEÑO Y FRUSTRACION EN LA EXISTENCIA FEMENINA

La aparición de *La última niebla* en dos ediciones sucesivas —una en 1934 realizada por la editorial Colombo bajo la dirección de Oliverio Girondo y otra en 1935 publicada por Victoria Ocampo en «Sur»— produjo comentarios críticos que la señalaron como una obra excepcional en la trayectoria de la novela chilena. Hacia estos años predominaba en Chile, como en el resto de Hispanoamérica, la tendencia mundonovista que había surgido alrededor de 1920 como respuesta a una búsqueda de la identidad nacional. El novelista de esta época, continuando la tradición decimonónica del Realismo y el Naturalismo, concebía al Hombre como un ser dominado por las fuerzas ambientales y hereditarias y partía de la premisa positivista de que la realidad era un conjunto de fenómenos objetivos y tangibles cuya representación literaria poseía valor de documento. Motivado por el interés de describir un mundo típicamente nacional, el escritor tenía una preferencia por aquellos contenidos provenientes de los aspectos regionales y distintivos de la realidad circundante que le permitían auscultar en los rasgos particulares del medio ambiente y en los ritos, costumbres e idiosincracia de sus habitantes para recrear el nuevo mundo americano [1].

Dentro de esta tradición mundonovista, *La última niebla,* concebida bajo el formato vanguardista, se distinguió como una obra *sui generis.* En una reseña crítica aparecida en el diario *La Opinión,* en 1935, Ricardo Latcham elogia su prosa poética y la innovación en temas que exploran las frustraciones sexuales de la mujer. El crítico concluye: «La señorita Bombal con su breve y ceñido relato ha abierto una brecha en nuestro aburrido campo novelesco. Junto con libertarse ha contribuido a libertarnos del tedio inmenso que encontramos en la repetición y la abrumadora pesadumbre de los temas usuales» [2]. Posteriormente, en 1941, Latcham calificaría a María Luisa Bombal como: «una excepción en un país donde la novela se ha movido en el campo del realismo, naturalismo y criollismo» [3].

En 1936, Amado Alonso demostró, a través de un penetrante análisis, que *La última niebla* se aleja, de manera notable, de la novela chilena tradicional de corte naturalista [4]. En

---

[1] Francisco Contreras en su «Proemio» a *El pueblo maravilloso* (1927) destaca la necesidad de descubrir aquellos aspectos que distinguen a América del Viejo Mundo y define el Mundonovismo como un movimiento que «aspira a crear una literatura autónoma y genuina (y) busca instintivamente su inspiración en nuestro tesoro tradicional y característico, afin de reflejar las grandes sugestiones de la tierra, de la raza, del ambiente». (*El pueblo maravilloso,* París: Agencia Mundial de Librería, 1927, p. 8).

[2] Ricardo Latcham, «*La última niebla,* por María Luisa Bombal», *La Opinión,* 23-III-1935, p. 3.

[3] Ricardo Latcham, *La última niebla* y *La amortajada,* por María Luisa Bombal, *La Nación,* 14-XII-1941, p. 6.

[4] Amado Alonso, «Aparición de una novelista», *Nosotros* 1, núm. 3 (junio 1936), pp. 241-256.

su interesante estudio titulado «Aparición de una novelista», Alonso destaca la subjetividad de la narración, el estilo poético y los modos directos de expresión, el papel estructural de lo accesorio y la función del *leit-motiv* de la niebla como elemento que simbólicamente sustenta la yuxtaposición de la realidad objetiva y la realidad soñada. Tras estos elementos que podrían categorizarse como formales, el crítico español observa en la novela la creación y expresión de un modo típicamente femenino que captura los conflictos de la vida afectiva. Es más, considera que la omnipresencia del ensueño responde a la necesidad de mantener la ilusión del amor en una existencia que ve en ello su único destino.

Las características innovadoras destacadas por Amado Alonso han sido posteriormente confirmadas por la crítica [5]. Sin embargo, el énfasis en su excepcionalidad ha oscurecido el hecho de que existieron en la novela chilena antecedentes vanguardistas que datan de la década de los años veinte, fecha en que se dan los tímidos comienzos de esta tendencia. Nos parece importante señalar que ya en 1926 se publicó *El habitante y su esperanza,* de Pablo Neruda, *nouvelle* en la cual la visión subjetiva del tiempo, el predominio de lo onírico y las nuevas técnicas narrativas ponen de manifiesto una realidad intangible y ambigua que rompe radicalmente con el formato mundonovista. Se deben mencionar, además, *Mío Cid Campeador* (1929) y *Cagliostro* (1934), de Vicente Huidobro, y las

---

[5] Entre los estudios posteriores que ponen énfasis en los aspectos vanguardistas de la novela, se deben destacar especialmente aquéllos realizados por Cedomil Goić: «*La última niebla:* Consideraciones en torno a la estructura de la novela contemporánea», *Anales de la Universidad de Chile,* núm. 128 (1963), pp. 59-83 y «*La última niebla», La novela chilena: Los mitos degradados* (Santiago, Chile: Editorial Universitaria, 1968), pp. 144-162.

novelas de Carlos Sepúlveda Leyton, *Hijuna* (1934) y *La fábrica* (1935).

Tradicionalmente, la crítica se ha dedicado a estudiar los elementos vanguardistas de *La última niebla* y sólo recientemente se ha comenzado a dilucidar la importancia de la obra como un comentario social acerca de la situación de la mujer latinoamericana. Linda Gould Levine ha hecho un esfuerzo, en nuestra opinión incompleto, por definir a la protagonista como víctima de una cultura en la cual la mujer es un ser pasivo y dependiente del hombre [6]. M. Ian Adams, de manera acertada, comenta que la situación de la mujer en la sociedad hispanoamericana la conduce a la alienación, pero no se detiene a examinar los factores económicos e ideológicos que han originado dicho estado [7]. Por otra parte, Hernán Vidal, al mencionar la importancia del conflicto de los sexos y la pasividad social de la protagonista incapaz de luchar por la modificación de un mundo que la condena a la enajenación, ha abierto un importante campo de análisis [8].

No obstante los valiosos comentarios expuestos por los críticos anteriormente mencionados, consideramos que aún no se ha dado el realce necesario a la figura de la heroína y su conflicto con los valores de su sociedad como elemento que plasma una visión de la mujer relevante para su época y la clase social que representa. La caracterización de la protago-

---

[6] Linda Gould Levine, «María Luisa Bombal from a Feminist Perspective», *Revista/Review Interamericana,* IV, núm. 2 (junio 1974), pp. 148-161.

[7] M. Ian Adams, *Three Authors of Alienation: Bombal, Onetti, Carpentier* (Austin: University of Texas Press, 1975), pp. 15-35.

[8] Hernán Vidal, *María Luisa Bombal: La feminidad enajenada* (Barcelona: Hijos de José Bosch, S. A., 1976), pp. 79-102.

nista, sus vivencias y, más que nada, la situación conflictiva en la cual se desarrolla su existencia son, sin lugar a dudas, elementos claves desde los cuales mana la verdadera dinámica de la novela.

TRAYECTORIA DE LA HEROÍNA

En «Aparición de una novelista», Amado Alonso hace la siguiente aseveración: «La limitación literaria (más bien la ausencia de vuelo extra artístico) de *La última niebla* consiste en la falta de proyección y de peso en el mundo y de presión del mundo en esta vida hermética» [9]. Aunque Alonso, a través de esta afirmación, destaca la prioridad de las vivencias interiores de la protagonista, no proyecta el ensimismamiento de su existencia en el contexto de las fuerzas de la sociedad que constituyen el origen mismo de tal hermeticidad.

En esencia, el conflicto básico de la novela yace en la dualidad indisoluble de los anhelos interiores de la protagonista y las normas convencionales de la sociedad que previenen la satisfacción de dichos anhelos. Es significativo que la novela se inicie en el momento en el cual la protagonista acaba de casarse a pesar de no experimentar amor por quien, según las leyes religiosas y laicas, será el compañero de toda su vida. En una sociedad en la cual el matrimonio constituía el único destino de la mujer, la ausencia del amor no era un factor esencial [10]. La decisión de la protagonista de entrar en la institución del matrimonio ha sido, en efecto, motivada por el deseo

---

[9] Amado Alonso, op. cit., p. 255.

[10] Esta visión de la mujer es confirmada por la misma autora quien afirma: «El destino de la mujer en mi época era casarse». (Entrevista con la autora, nov. 1977.)

de evitar convertirse en una solterona, mujer que por no cumplir con los roles fundamentales de madre y esposa asignados por la sociedad pertenece a un sector marginal [11]. De este hecho social provienen los comentarios despectivos de Daniel quien en la noche de bodas dice a su nueva esposa: «¿Sabes que has tenido una gran suerte al casarte conmigo?... ¿Te hubiera gustado ser una solterona arrugada, que teje para los pobres de la hacienda?... Ese es el porvenir que aguarda a tus hermanas» [12].

Además de cumplir con la meta del matrimonio asignada por la sociedad, la protagonista, condicionada por la antigua idea del amor conyugal, espera que el afecto y la pasión se desarrollen posteriormente en su vida matrimonial. Sin embargo, esta esperanza no se materializa jamás; el egoísmo, la frialdad y el desamor simbolizados por «el surco vacío en el lecho» (p. 41) del primer despertar en su condición de mujer casada teñirán irrevocablemente cada acto y cada gesto en su relación con Daniel.

Si bien desde el punto de vista de la convención social la protagonista es aceptada e incluso posiblemente definida como «mujer realizada» por haber cumplido el requisito social, en su fuero interno, surge la insatisfacción y el anhelo de sentirse amada pues la felicidad y la realización de la existencia se en-

---

[11] Simone de Beauvoir señala que nuestra sociedad tradicionalmente ha ofrecido el matrimonio como único destino a la mujer. En consecuencia, la existencia de la mujer ante la sociedad sólo adquiere sentido en términos del logro o fracaso en la realización de esta meta. A diferencia del hombre, categorizado según su profesión y actividad en el mundo, a las mujeres se las define como casadas, viudas, a punto de casarse o solteronas. Ver capítulo sobre la mujer y el matrimonio en *El segundo sexo,* obra anteriormente citada.

[12] María Luisa Bombal. *La última niebla* (Buenos Aires: Editorial Andina, 1973), p. 40.

cuentran en el amor. Esta visión de la existencia predominante —según Simone de Beauvoir— en la mujer de la tradición occidental, implica en última instancia, que el ser femenino sólo logra su reafirmación a través de sus relaciones amorosas con el otro sexo. María Luisa Bombal confirma este concepto al declarar: «La mujer tiene un destino de amar... Mientras que la vida de casi todas las mujeres parece haber sido hecha sólo para vivir un gran amor, un solo amor, con toda su belleza y su dolor, la misión del hombre en este mundo al parecer no es la misma» [13].

El conflicto de la protagonista debe entenderse, por lo tanto, como la dualidad entre el Ser y sus anhelos e ideales más íntimos y el Mundo donde rigen normas morales y convenciones sociales. Surge así una confrontación no resuelta de valores: mientras para la protagonista la verdadera meta de su existencia se encuentra en el amor, la sociedad le ha asignado el matrimonio como único destino y, a través de su código moral, le impide la búsqueda del amor fuera de la institución conyugal. En consecuencia, se produce una desarmonía entre las aspiraciones del Ser y el conjunto de valores estipulados por aquella sociedad en la cual transcurre su existencia.

Es interesante notar que Georg Lukács ha desarrollado su teoría de la novela a partir precisamente de este conflicto esencial que significa una inadecuación entre la interioridad del alma y el mundo externo. A diferencia de la epopeya que se originó en un mundo redondeado y homogéneo en el cual existía una congruencia entre la interioridad del Sujeto y la exterioridad del Mundo u Objeto, la novela, según Lukács, nace dentro del sistema capitalista en el cual los valores han sido deter-

---

[13] Carmen Merino. «Una mirada al misterioso mundo de María Luisa Bombal», *Eva,* 3-II-1967, p. 20.

minados por los objetos de cambio, factor económico que produjo una ruptura y heterogeneidad entre el Yo y el Mundo. A partir de esta premisa teórica, el crítico húngaro define el género de la siguiente manera: «La novela es la epopeya de una época para la cual no está ya sensiblemente dada la totalidad extensiva de la vida, una época para la cual la inmanencia del sentido a la vida se ha hecho problema pero que, sin embargo, conserva el espíritu que busca totalidad, el temple de totalidad» [14].

En el ámbito múltiple y omnipresente de la sociedad convencional, el individuo, según Lukács, no encuentra un verdadero sentido para su interioridad y esta situación origina una extrañeza respecto al mundo exterior. Extrañeza que produce, en aquéllos que se niegan al conformismo, el impulso de la búsqueda como una respuesta a la problematicidad del Ser y el Objeto. En la novela, expresión artística que intenta recapturar la Totalidad perdida, los personajes son individuos problemáticos que buscan, entran en relación con el mundo y son derrotados. No obstante la derrota final, a través de esta búsqueda, adquieren un autoconocimiento y logran desenmascarar y desmitificar los falsos valores del mundo obteniendo así una clara conciencia de su problemática en un determinado momento del devenir histórico. Para Lukács, la trayectoria de los personajes novelescos hace entonces de la novela: «la forma de la aventura, del valor propio de la interioridad; su contenido es la historia del alma que parte para conocerse, que busca las aventuras para ser probada en ella, para hallar, sosteniéndose en ellas, su propia esencialidad» [15].

---

[14] Georg Lukács, *La teoría de la novela* (Barcelona: Ediciones Grijalbo, S. A., 1975), p. 323.
[15] Lukács, *ibid.*, p. 356.

La extrañeza, el cuestionamiento y la búsqueda que trae consigo el conocimiento son las etapas características del héroe problemático en una situación conflictiva con el mundo. El hecho de que la protagonista de *La última niebla* sea un personaje cuya existencia y valores le sitúan ante un problema insoluble frente al mundo de la convención social, especialmente la moral sexual, nos conduce a definirla como una heroína problemática. Sin embargo, es importante notar que, a diferencia de un héroe problemático como Don Quijote, quien se enfrenta al mundo en una búsqueda hacia afuera, la aventura de nuestra protagonista tiene las características de una búsqueda interior, alejada de un verdadero enfrentamiento. Restringida al espacio cerrado del hogar y sin poseer el impulso necesario para romper los límites físicos y existenciales que la sociedad de la época asignaba a la mujer, la heroína opta, por la pasividad y el ensueño, únicas vías de evasión y rebelión dentro de los esquemas establecidos por el orden burgués. En una situación de dependencia y seguridad ofrecida por el matrimonio, ve la muerte como única opción pues la huida significaría rebelarse contra todo lo establecido. Por esta razón, cuando su frustración ha alcanzado un punto máximo e insoportable, dice: «No me siento capaz de huir. De huir, ¿cómo, a dónde? La muerte me parece una aventura más accesible que la huida. De morir, sí, me siento capaz» (p. 55). La ambigüedad del encuentro con el amante responde, en esencia, a esta dimensión interior de la aventura; abrumada por el peso de la rutina y el inexorable transcurso de una existencia vacía, la heroína encuentra su razón de ser en una relación amorosa cuya veracidad objetiva no se resuelve en la novela. Aún si el encuentro fue real, lo verdaderamente importante es el hecho de que toda su vida posterior se nutre exclusivamente del recuerdo y la ensoñación, actos sublimatorios que no hacen su existencia suficiente o completa.

Según la cosmovisión de la obra, la heroína es, por esencia, un ente social, un ser que no existe a menos que en ella se dé la realidad externa representada por sus relaciones con los seres de carne y hueso que la rodean, realidad que está inserta en el devenir histórico. La verdadera problematicidad surge consecuentemente, en el momento en que la heroína toma conciencia de la inutilidad de su elección escapista e inauténtica. La muerte que en la juventud parecía una salida, ahora en la vejez, le parece repugnante, sin sentido y sólo le queda la opción de cumplir con las frivolidades del existir convencional. No obstante, esta elección, comparada con aquélla que la condujo al matrimonio, está teñida por una profundidad y conocimiento adquiridos en una trayectoria interior que puso de manifiesto la verdadera conflictividad entre el impulso de su ser y las convenciones sociales [16]. La heroína, por lo tanto, alcanza una madura comprensión de la heterogeneidad entre el Ser y el Objeto producida por los valores de una sociedad que conducía a la mujer a una existencia estática simbolizada por la niebla la cual, al final de la novela, presta al mundo un carácter de inmovilidad definitiva.

---

[16] M. Ian Adams afirma: «Esta aceptación constituye, por supuesto, un cambio total. La narradora ya no se encuentra en un estado de alienación con respecto a su realidad cotidiana y ha abandonado el mundo de la fantasía. En un menor grado que antes, su ser permanece escindido entre los deseos insatisfechos y el conocimiento de que en el tipo de existencia que ella ahora ha aceptado, sus sueños no podrán convertirse en realidad. El resto de su vida transcurrirá en la infelicidad producida por esta toma de conciencia de la ruptura entre el sueño y la realidad». (Op. cit., p. 33.) La traducción de este párrafo es mía.

ELEMENTOS ESTRUCTURANTES DEL CONFLICTO ENTRE EL SER
   Y EL MUNDO

El conflicto básico que surge de la incongruencia entre
los anhelos íntimos de la heroína y los valores convencionales
de la sociedad se plasma en *La última niebla* a través de un
artístico y elaborado sistema de imágenes y motivos contrastantes que expresan la dualidad entre el Ser y el Mundo. Las
oposiciones entre la muerte simbolizada por la niebla y la
pasión representada por Regina, entre el espacio cerrado de la
casa y el espacio abierto de la naturaleza, entre la luz y la
oscuridad, el frío y el fuego, el silencio y la sonoridad vital adquieren en la obra resonancias poéticas que explican, en gran
parte, esta cualidad que la crítica ha destacado en forma unánime. Llama la atención, sin embargo, que hasta ahora sólo se
hayan comentado algunos de estos elementos estructurantes de
una manera parcial, sin aludir al conjunto total y coherente
que sustenta y pone de manifiesto la visión de la existencia
femenina entregada en la novela [17]. Como se demostrará en

_____

[17] Aparte de los comentarios de Amado Alonso sobre la niebla
en «Aparición de una novelista», se deben destacar los siguientes estudios: Cedomil Goić ha analizado en detalle la significación de la niebla
como símbolo variable y ha establecido el contraste entre este elemento
y Regina en «La última niebla», *La novela chilena,* op. cit.; Saúl Sosnowski en su artículo «El agua, motivo primordial de *La última niebla*»
estudia las dimensiones arquetípicas del agua en sus cuatro estados.
(*Cuadernos Hispanoamericanos,* núms. 277-278 (julio-agosto 1973),
pp. 365-374); por otra parte, Arthur A. Natella menciona la dualidad
entre la vida, la luz, el fulgor y la pasión versus la niebla, la oscuridad
y la desolación sin entrar en los detalles elaborativos. («El mundo literario de María Luisa Bombal», *Cinco aproximaciones a la narrativa
hispanoamericana,* Madrid: Editorial Playor, 1977, pp. 133-159).

este análisis, el sistema de dualidades y su elaboración poética constituye uno de sus aspectos más importantes.

Una vez presentada la noche de bodas como preludio a la situación conflictiva, se dan en la novela dos momentos claves que representan el dilema en el cual entrará la heroína problemática. Inmediatamente después del despertar en el lecho vacío de su primera noche de casada, vemos a la protagonista contemplando a una joven muerta que yace en un féretro blanco. En esta escena se destacan la inmovilidad, el silencio, la opresión de los espacios cerrados del ataúd y de la casa, la oscuridad de los trajes enlutados y la aridez de las flores artificiales. La muchacha misma se describe con imágenes que sugieren la vitalidad tronchada, se nos dice: «Veo un rostro descolorido, sin ni un toque de sombra en los anchos párpados cerrados. Un rostro vacío de todo sentimiento» (p. 42). Esta primera experiencia de la muerte produce en la protagonista una sensación de terror que la induce a internarse en el bosque, símbolo de la naturaleza vital [18]. Sin embargo, afuera ha descendido la niebla que enmudece el paisaje y lo cerca dándole cualidad de espacio cerrado y estático.

En esta primera instancia, el motivo de la niebla simboliza la muerte de lo que es, en esencia, vital: la juventud de la muchacha y la fertilidad de la naturaleza. Por esta razón, la protagonista asocia la inmovilidad de la joven muerta con aquélla del bosque invadido por la niebla. Dice: «Tengo miedo. En aquella inmovilidad y también en la de esa muerta estirada allá arriba, hay como un peligro oculto. Y porque me ataca

---

[18] María Luisa Bombal ha dicho: «La joven muerta no tiene nada que ver con la primera esposa de Daniel, es importante porque, por primera vez, mi protagonista ve una persona muerta, conoce la muerte... y así, la niebla también la ataca por primera vez». Entrevista con la autora (sept. 1977).

por vez primera, reacciono violentamente contra el asalto de la niebla» (p. 43).

Ante la muerte que significa la anulación de la existencia, la protagonista exclama: «Yo existo, yo existo. ¡Y soy bella y feliz! Sí. ¡Feliz! ¡La felicidad no es más que tener un cuerpo joven y esbelto y ágil! » (p. 43). Esta reacción no sólo implica la reafirmación de su ser en la vitalidad de su cuerpo, sino que, más importante aún, la heroína ve en el atractivo físico y la juventud la posibilidad futura de ser amada y alcanzar así la realización de su existencia.

Invadida por una sensación de malestar y miedo antes desconocida, la protagonista emprende el regreso a su casa y allí descubre accidentalmente a Regina en brazos de su amante. Regina, personaje que plasma el motivo de la mujer infiel, se caracteriza con rasgos que significativamente contrastan con la muerte y la vitalidad tronchada. Su rostro posee una palidez que, a diferencia de aquélla de la joven muerta, denota intensidad de vida, de ella se desprende un calor que pone en relieve una «pasión desatada, casi impúdica» (p. 46) y su cabellera suelta sugiere la fertilidad y la fuerza vital [19]. La presencia de Regina y su amor ilícito sugiere en la protagonista la esencia misma de la feminidad representada por su cabellera larga, elemento que dentro de la visión de la mujer en la obra de María Luisa Bombal es un símbolo de lo femenino y el vínculo que une a la mujer a las fuerzas primordiales de la naturaleza [20].

_____

[19] Juan-Eduardo Cirlot, *Diccionario de símbolos* (Barcelona: Editorial Labor, S. A., 1969), p. 119. Ad. de Vries. *Dictionary of Symbols and Imagery* (Londres: North-Holland Publishing Company, 1974), pp. 231-234.

[20] María Luisa Bombal ha declarado: «La mujer no es más que una prolongación de la naturaleza, de todo lo cósmico y primordial. Mis

Aquella inquietud que había empezado a delinearse en el fuero interno de la heroína adquiere verdaderos contornos al descubrir en la vida de Regina la pasión, aquéllo que a ella le está vedado en su matrimonio sin amor. El amante de Regina realza aún más la vitalidad, el calor y la sensualidad de todo lo natural. De él se desprende «un olor a avellanas y a sudor de hombre limpio y fuerte» (p. 51). La torcaza caliente y sangrante que éste coloca en su regazo denota simultáneamente la sensualidad y la muerte subrayando la esencia del conflicto.

Los incidentes de la joven muerta y Regina expresan la oposición muerte-vitalidad y simbolizan dos caminos en la existencia de la heroína: la conformación social en el matrimonio (muerte en vida) y el amor ilegal (satisfacción del instinto vital). Esta dualidad se manifiesta en el siguiente pasaje: «La niebla se estrecha, cada día más, contra la casa. Ya hizo desaparecer las araucarias cuyas ramas golpeaban la balaustrada de la terraza. Anoche soñé que, por entre las rendijas de las puertas y ventanas, se infiltraba lentamente en la casa, en mi cuarto, y esfumaba el color de las paredes, los contornos de los muebles y se entrelazaba a mis cabellos, y se me adhería al cuerpo y lo deshacía todo, todo... sólo, en medio del desastre, quedaba intacto el rostro de Regina, con su mirada de fuego y sus labios llenos de secretos» (pp. 51-52). Esta visión onírica en la cual la niebla invade la casa simboliza el temor de caer en el vacío de la frustración amorosa que la conducirá a la nada, a la aniquilación total de su existencia. El hecho de

---

personajes femeninos poseen una larga cabellera porque el cabello, como las enredaderas, las une a la naturaleza. Por eso mi María Griselda hunde su cabellera en el río y, en mi cuento «Trenzas», las raíces del bosque y la cabellera de la hermana en la ciudad son las mismas». Entrevista con la autora (sept. 1977).

que Regina, mujer que se ha atrevido a ir contra las sanciones morales a la infidelidad, permanezca intacta, indica el triunfo de la pasión y la vitalidad sobre un orden social que troncha en la mujer sus fuerzas instintivas.

Es interesante notar que la dualidad muerte-pasión vital se elaboran, en estas dos escenas claves, a través de un conjunto de imágenes y motivos que van adquiriendo en el desarrollo de la novela una alta carga simbólica que a su vez refuerza y amplía el significado de la niebla, motivo estructurante de la obra. En primer lugar, se destaca la oposición entre la luz y la oscuridad. Como notábamos anteriormente, en el incidente de la muchacha muerta predomina la oscuridad de los trajes enlutados, oscuridad que recurre en el bosque bajo la acción de la niebla que convierte los árboles en siluetas borrosas. Después de ver a Regina con su amante, la heroína sube a su cuarto y desata su cabello aprisionado en una apretada trenza la cual simboliza la represión de lo instintivo pasional en la institución del matrimonio. Contempla su cabellera y recuerda que, antes de casarse, ésta brillaba de manera fulgurante: «Me miro atentamente y compruebo angustiada que mis cabellos han perdido ese leve tinte rojo que les comunicaba un extraño fulgor cuando sacudía la cabeza. Mis cabellos se han oscurecido. Van a oscurecerse cada día más. Y antes que pierdan su brillo y su violencia, no habrá nadie que diga que tengo el pelo lindo» (pp. 45-46).

En este pasaje, la oscuridad de los cabellos sugiere la no sublimación de las fuerzas instintivas y vitales representadas por el tinte rojo, símbolo de la pasión, y por la luz. Esta oposición se hace aún más significativa cuando la protagonista, al notar las miradas de deseo con las cuales el amante envuelve a Regina, se aleja hacia el bosque en el cual repentinamente surge un rayo de sol que rasga la oscuridad de la niebla, símbolo de la muerte y la aniquilación de lo vital. La escena se describe de la siguiente manera: «Me interno en la bruma y de pronto un rayo de sol se enciende al través, prestando una dorada claridad de gruta al bosque en que me encuentro; hurga la tierra, desprende de ella aromas profundos y mojados» (p. 47). En el contexto del simbolismo tradicional, el advenimiento del rayo de sol representa el triunfo de la fuerza creativa y la plenitud vital sobre la muerte y la insatisfacción espiritual [21]. La luz del sol, símbolo del principio masculino y fertilizante, penetra en lo primordial femenino, la tierra, y subraya la vitalidad de las fuerzas primarias [22]. En este ambiente de verdadera comunión entre los elementos naturales, la heroína deja afluir un erotismo reprimido, se desnuda para recibir el fulgor del sol en su propio cuerpo y se sumerge en las aguas del estanque que subliman los anhelos amorosos no consumados.

El encuentro con el amante expresa precisamente este triunfo de lo luminoso y vital sobre la oscuridad de la noche y la niebla, sobre la muerte e insatisfacción del instinto y la pasión. Bajo la luz blanca de un farol que ténuemente rompe la oscuridad circundante, surge el amante en el cual se destacan sus pupilas luminosas. Del mismo modo, en la completa oscuridad de la casa misteriosa, de pronto se ilumina el cuarto donde tomará lugar la escena de amor. Su luz y calor vencen

---

[21] Ad. de Vries atribuye a la luz la connotación tradicional de energía cósmica, fuerza creativa y principio masculino fertilizante; la oscuridad, por el contrario, conlleva el significado de muerte e insatisfacción espiritual. (Op. cit., pp. 129 y 297.)

[22] Hernán Vidal observa: «A la asociación de lo femenino con elementos de la naturaleza se une el símbolo masculino del sol. Este penetra la bruma y la tierra como si fueran carne de mujer para despertar sus fragancias y humedades». Op. cit., pp. 91-92.

las fuerzas negativas de la oscuridad razón por la cual la protagonista afirma: «La noche y la neblina pueden aletear en vano contra los vidrios de la ventana; no conseguirán infiltrar en este cuarto un solo átomo de muerte» (p. 57). Es más, cuando el amante se acerca a ella, se lo describe con «un vello castaño, al cual se prende la luz de la lámpara (y), lo envuelve de pies a cabeza en una aureola de claridad» (p. 58). Es esta luminosidad la que perdura en el recuerdo de la heroína quien posteriormente vislumbrará los ojos del amante como dos estrellas entre las brasas de la chimenea. «Me gusta sentarme junto al fuego y recogerme para buscar entre las brasas los ojos claros de mi amante. Bruscamente, despuntan como dos estrellas y yo permanezco entonces largo rato sumida en esa luz» (pp. 65-66).

La luz está íntimamente relacionada con el calor y el fuego, elementos que contrastan con el frío para reforzar, de una manera poética, la dualidad del conflicto básico de la heroína. Tradicionalmente, el frío connota el silencio, la muerte y la ausencia del amor, referentes simbólicos que se oponen al principio de la vida, la fertilidad y la pasión representadas por el fuego, elemento primordial asociado con el sol [23]. Es importante notar que el fuego ha sido, por excelencia, el símbolo de lo erótico e instintivo, razón por la cual Sigmund Freud lo atribuía a la pasión mientras que Gastón Bachelard en *El psicoanálisis del fuego* lo destaca como un elemento sexualizado [24].

Como ha observado Saúl Sosnowski, en *La última niebla* se dan más de treinta instancias en que implícita o explícita-

---

[23] Ad. de Vries, op. cit., pp. 107 y 187-188.
[24] Gastón Bachelard, *El psicoanálisis del fuego* (Buenos Aires: Editorial Schapire), pp. 75-105.

mente se alude al fuego como tal o en sentido figurativo y metafórico [25]. Si bien todas estas instancias no siguen un esquema fijo, es importante señalar que su función es altamente significativa dentro de la dualidad contrastada del frío y el calor. En primer término, el frío que circunda la noche de bodas en inhóspitas habitaciones prefigura, por medio de signos de sugestión, la frialdad de las relaciones matrimoniales [26]. El egoísmo y la ausencia del amor se expresan en la atmósfera de desolación y frialdad creada por la confluencia de signos tales como: el vendaval de la noche anterior, las rendijas de los techos por donde penetra el agua y el frío, el escalofrío de Daniel, las habitaciones frías, la vieja manta de vicuña que cubre a la protagonista y las rachas de lluvia que azotan la casa. La niebla misma sólo se produce en las estaciones frías del invierno y del otoño, en consecuencia aparte de la oscuridad, su presencia también infunde esta cualidad a los espacios que invade. Simbólicamente, aquel soplo frío que asalta a la protagonista después de contemplar a la joven muerta se transforma en fuego al notar la mirada de pasión del amante de Regina. De la misma manera como en el sueño la mirada de fuego de Regina permanece invulnerable en la niebla que lo destruye todo, el amante encontrado en medio del frío y la oscuridad, posee un «envolvente calor» (p. 56) que vence las fuerzas negativas de la niebla. Asimismo, el cuarto al cual la conduce su mano tibia desprende un calor e intimidad que contrastan con el frío de la habitación de su noche de bodas y

---

[25] Saúl Sosnowski, op. cit., p. 374.

[26] Adoptamos aquí el concepto de Carlos Bousoño quien define «signos de sugestión» como un conjunto de palabras que contribuyen a la creación de un clima emocional o una atmósfera poemática. (*Teoría de la expresión poética,* Madrid: Editorial Gredos, S. A., 1970, tomo I, p. 220, 223-224, 228 y tomo II, pp. 9, 212, 288, 342-346.)

las calles de la ciudad. Es más, parte de la sensualidad predominante en la escena de amor se logra por medio de la imagen de «una ola hirviente» en la cual se conjuga lo dinámico natural con el ardor pasional. La posesión sexual se describe de la siguiente manera: «Su cuerpo me cubre como una gran ola hirviente, me acaricia, me quema, me penetra, me envuelve, me arrastra desfallecida» (p. 60). La existencia de la heroína que posteriormente se nutre del recuerdo es descrita figurativamente como una larga noche vivida al calor de otro hombre.

En este punto conviene aclarar que la imagen del calor cambia sutilmente de significado en aquellas escenas de pasión entre la protagonista y Daniel durante un verano. Estas relaciones definidas como: «un feroz abrazo, hecho de tedio, perversidad y tristeza» (p. 76) no corresponden a la pasión del amor sino, más bien, a una satisfacción puramente corporal de los instintos. En este sentido, el calor exacerbado representaría la líbido.

Una de las elaboraciones más originales de la novela se da en la oposición entre el silencio, símbolo de la muerte, y los sonidos que representan la vitalidad, aspecto que no ha recibido hasta ahora la atención merecida. El rostro de la joven muerta sugiere a la protagonista el silencio, elemento que adquiere resonancias importantes por medio de la reiteración («Silencio, un gran silencio, un silencio de años, de siglos, un silencio aterrador que empieza a crecer en el cuarto y dentro de mi cabeza») (p. 42). Las connotaciones simbólicas se hacen evidentes en el próximo pasaje en el cual la protagonista se enfrenta con el silencio del bosque invadido por la niebla y la muerte y descrito de la siguiente manera: «Atravieso corriendo el jardín, abro la verja. Pero, afuera, una sutil neblina ha diluido el paisaje y el silencio es aún más inmenso. Desciendo la pequeña colina sobre la cual la casa está aislada entre cipreses, como una tumba, y me voy bosque traviesa, pisando firme y fuerte, para despertar un eco. Sin embargo, todo continúa mudo y mi pie arrastra hojas caídas que no crujen porque están húmedas y como en descomposición» (p. 43).

El deseo de «despertar un eco» que rompa el silencio y la inmovilidad responde a una reafirmación de la vida frente a la muerte que ha detenido el flujo vital en la joven muerta y en la naturaleza; las hojas caídas y silenciosas, motivo recurrente en la novela cuya acción transcurre predominantemente en la frialdad del otoño, simbolizan el tronchamiento de lo que fue vida y ahora yace en descomposición. De manera significativa, Regina rompe el silencio casi omnipresente de la casa cuando abre el abandonado piano del salón. La descripción de esta escena contrasta con aquélla en el bosque, se dice: «La casa resuena y queda vibrando durante un pequeño intervalo del acorde que dos manos han arrancado al viejo piano del salón. Luego, un nocturno empieza a desgranarse en un centenar de notas que van doblando y multiplicándose... Regina está tocando de memoria. A su juego, confuso e incierto, presta unidad y relieve una especie de pasión desatada e impúdica» (p. 46). Frente a la cualidad estática y silenciosa de un paisaje que permanece mudo bajo la niebla, aquí la elección de verbos activos tales como: «resonar», «vibrar», «desgranarse» y «multiplicarse» transmiten la dinamicidad del sonido que representa el principio de la vida y el mundo, el origen de todo lo creado [27].

---

[27] Juan-Eduardo Cirlot se refiere al sonido de la siguiente manera: «En la India, el sonido de la flauta de Krishna es lo que hace nacer el mundo mágicamente. Con el mismo significado llevan liras las diosas maternales prehelénicas. Hay otras doctrinas tradicionales que consideran el sonido como la primera cosa creada que dio origen a las cosas, comenzando por la luz o por el aire y el fuego.» (Op. cit., p. 432.)

Esta connotación simbólica de la sonoridad vital se hace aún más explícita en la escena con el amante. En el silencio y oscuridad de la casa, los pasos de ambos resuenan quebrando la inmovilidad de la muerte de la misma manera que el calor y la luz. La heroína al abrazarlo busca en él ese sonido vital, dice: «Lo abrazo fuertemente y con todos mis sentidos escucho. Escucho nacer, volar y recaer un soplo; escucho el estallido que el corazón repite incansablemente en las entrañas y extiende en ondas por todo el cuerpo, transformando cada célula en un eco sonoro. Lo estrecho, lo estrecho siempre con más afán; siento correr la sangre dentro de sus venas y siento trepidar la fuerza que se agazapa dentro de sus músculos; siento agitarse la burbuja de un suspiro. Entre mis brazos, toda una vida física, con su fragilidad y su misterio, bulle y se precipita» (pp. 59-60).

La respiración y los latidos del corazón, fuentes primordiales de la vida física, se presentan por medio de las imágenes «eco sonoro» y «ondas» cuyo movimiento y sonoridad recogen el ritmo inagotable de lo vivo, cualidades reiteradas por la elección y agrupación de los siguientes verbos: «nacer, volar, recaer», «repetir, extender», «correr, trepidar» y «bullir, precipitarse».

Finalmente, en la elaboración de dualidades que sustentan el conflicto básico, se debe destacar la oposición de los espacios de la casa y de la naturaleza. El espacio cerrado de la casa representa el mundo de las convenciones y, ya en el principio de la novela, se presenta como un lugar inhóspito y frío que encierra el silencio y la muerte. En ella se desarrolla lo rutinario e intrascendente, un conjunto de actos vacíos que la protagonista describe de la siguiente manera: «Mañana volveremos al campo. Pasado mañana iré a oír misa al pueblo, con mi suegra. Luego, durante el almuerzo, Daniel nos hablará de los trabajos de la hacienda. En seguida visitaré el invernáculo, la pajarera, el huerto. Antes de cenar, dormitaré junto a la chimenea o leeré los periódicos locales. Después de comer me divertiré en provocar pequeñas catástrofes dentro del fuego, removiendo desatinadamente las brasas. A mi alrededor, un silencio indicará muy pronto que se ha agotado todo tema de conversación y Daniel ajustará ruidosamente las barras contra las puertas. Luego nos iremos a dormir. Y pasado mañana será lo mismo, y dentro de un año, y dentro de diez...» (pp. 54-55).

La casa como representación del espacio regido por la sociedad obliga a una existencia convencional bajo la cual se esconden anhelos e instintos que sólo encuentran expresión en el ámbito natural donde aún perdura la vitalidad. Por esta razón, el sofocamiento y angustia producidos por el espacio cerrado de la casa encuentran alivio en los elementos naturales y libres. Es significativo contrastar la esterilidad de la vida convencional que toma lugar en la casa con el erotismo y vitalidad de aquellos momentos en que la protagonista está en contacto con la naturaleza. Así, después de observar la pasión de Regina y su amante, la heroína sale al bosque invadido por un rayo de sol que, como comentábamos anteriormente, la incita a desnudarse y dar libre curso a sus instintos reprimidos. Esta escena se describe de la siguiente manera: «No me sabía tan blanca y hermosa. El agua alarga mis formas, que toman proporciones irreales. Nunca me atreví antes a mirar mis senos; ahora los miro. Pequeños y redondos, parecen diminutas corolas suspendidas sobre el agua. Me voy enterrando hasta la rodilla en una espesa arena de terciopelo. Tibias corrientes me acarician y penetran. Como con brazos de seda, las plantas acuáticas me enlazan el torso con sus largas raíces. Me besa la nuca y sube hasta mi frente el aliento fresco del agua» (p. 48).

La sensualidad de esta escena, lograda principalmente por el predominio de sensaciones dáctiles y térmicas, apunta hacia la sublimación de lo erótico y el retorno a una vitalidad tronchada en la institución del matrimonio. Este fenómeno de sustitución o transferencia de lo no satisfecho en el ámbito natural ha sido notado por Arthur A. Natella quien afirma: «(la protagonista) encuentra en las sensaciones físicas del mundo circundante tanto táctiles como visuales, un subtítulo del verdadero amor humano. Pero en otro nivel, este deseo conlleva el deseo de la fusión cósmica con la naturaleza...»[28].

Esta unión con las fuerzas primordiales del cosmos es un elemento recurrente en las obras de María Luisa Bombal y pone de manifiesto su visión de la mujer como una prolongación de la naturaleza. En *La última niebla,* este concepto se plasma principalmente por los motivos del árbol y el agua. En los momentos en que la heroína se ve amenazada por la muerte y la consecuente aniquilación de la existencia, huye de la casa y se apoya contra un árbol buscando una reafirmación de la vida. Mircea Eliade ha demostrado que el árbol representa la vida inagotable del cosmos en los procesos de crecimiento, proliferación, generación y regeneración[29]. Este proceso cósmico de infinita regeneración y vida está también presente en la connotación arquetípica del agua, uno de los cuatro elementos primordiales del universo y fuente de la fecundidad[30].

En las obras de María Luisa Bombal, se destaca el espacio cerrado de la casa como un símbolo de la regulación social que anula la naturaleza misma de la condición femenina en sus proyecciones inconscientes y como fuerza vital integrante de

---

[28] Arthur A. Natella, op. cit., p. 139.
[29] Mircea Eliade, *Patterns in Comparative Religion* (Nueva York: The World Publishing Company, 1963), pp. 265-326.
[30] Juan-Eduardo Cirlot, op. cit., pp. 62-64.

lo cósmico y primordial [31]. La búsqueda infructuosa del amante entre los árboles del bosque, el misterioso y fantasmal reencuentro a la orilla del estanque, el anhelo de la protagonista de que se dejen crecer los jardines en forma silvestre salvándolos así de las fuerzas modificadoras del Hombre dan expresión a la vitalidad y libertad de lo instintivo que, finalmente, será derrotado por las fuerzas sociales de la convención. Simbólicamente, el hecho de que a Regina le corten el pelo y su cabellera se transforme en «mechones muy lacios, y como impregnados de sudor» (p. 99), luego de su intento de suicidio y el consecuente escándalo al conocerse sus aventuras amorosas ilegales, representa el castigo de la sociedad y la castración de la fertilidad y el impulso vital [32]. Este acto en la historia paralela de Regina prefigura el destino de la protagonista quien, en su elección de seguir a Daniel «para cumplir con una infinidad de frivolidades amenas; para llorar por costumbre y sonreír por deber... para vivir correctamente, para morir correctamente...» (p. 103) sucumbe a la rigidez de un sistema que ha tronchado para siempre las fuerzas inconscientes y cósmicas las cuales, según la visión del mundo entregada en la obra, ligan la esencia femenina a lo primordial.

El conjunto de oposiciones examinadas en este análisis subraya y refuerza el significado del motivo estructurante de la niebla que en su inmovilidad definitiva funciona como símbolo de la resolución del conflicto básico. La imagen final de la niebla que cierra la trayectoria de la heroína adquiere un intenso

---

[31] Saúl Sosnowski establece estas dos dimensiones del agua en su artículo ya citado.

[32] Tradicionalmente, el cabello largo ha sido símbolo de la fertilidad y de los instintos. El acto de cortar los cabellos a una mujer, aparte de connotar la castración de la fertilidad, lleva el significado de un castigo o sanción social. (Ad. de Vries, op. cit., pp. 231-234.)

significado a través de sus dimensiones simbólicas de oscuridad, silencio, frío y hermeticidad subrayando el desenlace trágico de una existencia femenina condenada irrevocablemente a una muerte en vida bajo un sistema social que ha aniquilado la realización de sus impulsos vitales.

LA AMBIGÜEDAD

La aparición del arte contemporáneo estuvo condicionada ideológicamente por la crisis del pensamiento positivista que concebía al Hombre como un ser capaz de aprehender la realidad a partir de esquemas racionales y lógicos. A principios del siglo xx, lo objetivo y tangible pierde validez bajo la influencia de nuevas teorías filosóficas que proponen un diferente concepto de la realidad ahora definida como un conjunto polivalente cuya esencia misma descansa en lo subjetivo, lo equívoco y lo relativo. La realidad se convierte, por lo tanto, en una esfera ambigua, sujeta a una variedad de interpretaciones y a la incertidumbre e imprecisión producidas por la fluctuación constante entre un significado y otro.

La recurrencia de la ambigüedad como elemento característico del arte contemporáneo debe comprenderse en el contexto de esta nueva visión de la realidad. En las artes pictóricas, por ejemplo, se produce una disgregación significativa de los nexos constructivos tradicionales de la figura que anula la correspondencia exacta y fotográfica entre lo representado y los elementos de la realidad concreta abriendo paso a una serie extensa de alternativas en su interpretación.

El fenómeno de la ambigüedad ocurre en la obra literaria en varios niveles que van desde la unidad morfológica hasta la totalidad expansiva de toda una estructura de lenguaje.

William Empson ha determinado siete tipos de ambigüedad en la poesía que son producidos en el estrato semántico por la plurisignificación de una palabra o una oración [33]. Por otra parte, Philip Wheelwright ha destacado cómo un símbolo generalmente expresa una variedad de esquemas conceptuales en cuyo significado plural subyace la tensión entre una connotación y otra [34]. Así, por ejemplo, en *La peste* de Albert Camus, el motivo de la peste no sólo funciona al nivel literal de una epidemia que arrasa con un pueblo, sino que también constituye una alegoría política y metafísico-moral. La plaga —como afirmó el mismo Camus— simboliza la ocupación de Francia por los nazis; este significado se extiende aún más al simbolizar simultáneamente la situación del Hombre frente a las fuerzas adversas del Mal y del Absurdo. Si bien algunas situaciones e imágenes de la novela sólo funcionan en el estrato literal de la peste, otras son ambiguas en el sentido que deben ser comprendidas en dos o tres niveles a la vez.

Aparte de la imprecisión significativa de un núcleo semántico, la ambigüedad también ocurre en la estructura más extensa de la sintaxis. El asintactismo característico de la literatura de vanguardia consiste básicamente en un abandonar las leyes gramaticales y lógicas del lenguaje para producir bruscas mutaciones que eliminan las correspondencias exactas e inequívocas del discurso. Dichas convenciones sintácticas son reemplazadas por asociaciones subjetivas que crean nuevos nexos imaginativos motivados por la inclusión de jergas, lemas publicitarios y juegos de palabras. De la misma manera, el asincronismo —cambios inesperados de lugar y de tiempo— interrum-

---

[33] William Empson. *Seven Types of Ambigüity* (Londres: Chatto and Windus Ltd., 1956).

[34] Philip Wheelwright. *The Burning Fountain: A Study in the Language of Symbolism* (Bloomington: Indiana University Press, 1968).

pen la disposición lineal del relato originando saltos bruscos en la secuencia lógica y abriendo paso a la ambigüedad producida por la presencia de una serie de alternativas de interpretación.

La subjetividad —característica esencial de la novela vanguardista— es, sin lugar a dudas, uno de los elementos literarios del cual mana, con mayor frecuencia, la ambigüedad. Si en la novela decimonónica, el mundo era entregado por un narrador que imponía un orden lógico y objetivo, en la nueva novela de la década de los años veinte, se nos ofrece un mundo hermético y subjetivo en el cual el narrador se abstiene de poner límites explícitos entre lo maravilloso o soñado y lo real o tangible. La realidad presentada constituye, en consecuencia, una entidad ambigua que oscila entre lo concreto-objetivo y lo onírico-sobrenatural.

En *La última niebla,* la ambigüedad o imprecisión de significados surge principalmente de la prioridad de lo subjetivo plasmado en un modo narrativo lírico. Cedomil Goić ha definido este fenómeno de una manera acertadísima al afirmar:

> ... el narrador se prohibe decir todo aquello de que su conciencia no ha podido tener inmediato conocimiento o percepción. Esta convención, rigurosamente sostenida, condiciona una nueva y reveladora modalidad narrativa que envuelve una notable limitación del narrador y que constituye un cambio esencial en el tipo de narración que configuraba la novela moderna. El narrador renuncia a la omnisciencia, al dominio consciente y activo del universo, limitándose al conocimiento actual, a un presente que se desplaza a la par de las modificaciones de la conciencia del narrador. Por esta vía no hay más conocimiento que de la interioridad personal y de lo que aparece a la superficie fisiognómica de seres y objetos [35]...

---

[35] Cedomil Goić, op. cit., pp. 146-147.

La realidad de la novela que fluye de una interioridad desplazándose en un presente inmediato modifica significativamente las relaciones entre la narradora y su lector ficticio. A diferencia del narrador tradicional que objetivamente redondeaba y categorizaba el mundo narrado para un lector que recibía detalles específicos de lo representado, la narradora de *La última niebla* se limita a expresar sus sentimientos y sensaciones en un proceso de auto-narración o confesión íntima que no admite la explicación racional u objetiva. En efecto, la narración podría calificarse como un conjunto de vivencias interiores que el lector ficticio recibe asumiendo el papel de un testigo que desconoce los elementos en los cuales está inserta la realidad de la narradora-protagonista. Frente a este microcosmos subjetivo, el lector constantemente duda y reinterpreta sus detalles ambiguos.

Originada en el estrato básico del modo narrativo, la ambigüedad en *La última niebla* resulta principalmente de dos fenómenos: a) la ausencia de especificidad en cuanto a la realidad circundante y al elemento temporal objetivo, y b) la eliminación de límites exactos y racionales entre la vivencia onírica, la ensoñación y la realidad objetiva.

Dado el hecho de que la realidad circundante sólo adquiere importancia en la medida en que la narradora-protagonista reacciona subjetivamente ante ella en un momento dado, el lector recibe dicha realidad exterior no como una entidad redondeada y autónoma, sino, más bien, como detalles aislados que se prestan a una interpretación ambigua. La carencia de especificidad se hace evidente, por ejemplo, en la escena en la cual la heroína se encuentra contemplando el rostro de la muchacha muerta que yace en un ataúd blanco. No se nos informa quién fue esta joven ni qué relación tuvo con la protagonista, razón por la cual el incidente queda sujeto a la incertidumbre lógica aunque, como se comentó en la sección anterior, éste posee una fuerte carga simbólica.

Por otra parte, si bien la novela sigue una disposición cronológica lineal, toda ella está configurada por una serie de eventos entre los cuales se dan considerables elipsis temporales que contribuyen a una imprecisión significativa. Cada escena resulta ser, en consecuencia, un conjunto de trazos o retazos centrados en una acción única: la insatisfacción espiritual y amorosa de la heroína, su aventura interior y la confirmación de que lo aparentemente imaginado no es una verdadera respuesta para la existencia. La narración, por lo tanto, está sustentada por una vivencia subjetiva y femenina del tiempo que se aleja considerablemente de la visión objetiva y racional. Dentro de la cosmovisión ofrecida en la obra, el paso del tiempo sólo se mide en términos de la vejez que implica para la mujer la pérdida irrevocable de la posibilidad de ser amada y de lograr una realización para la existencia.

El mayor grado de ambigüedad en la novela resulta de la imprecisión y ausencia de límites exactos entre la vivencia onírica, la ensoñación y la realidad concreta. Dicha imprecisión, causada por la prioridad de lo subjetivo, es un elemento portador de una visión de la realidad típicamente vanguardista. A partir de la ambivalencia de la experiencia vivida, lo real está constituido tanto por lo consciente, lo tangible y lo objetivo como por lo inconsciente, lo invisible y lo imaginado.

Se dan así varias instancias ambiguas en las cuales subyace una pluralidad de interpretaciones, fenómeno que convierte a la obra en una novela abierta. Las circunstancias que configuran el encuentro con el amante dan origen a una incertidumbre que jamás se resuelve. En primer lugar, esta escena se inserta en un marco perfectamente reconocible como real: la heroína en un cuarto de la ciudad comunica a su marido que saldrá a caminar, de regreso de su aventura, sin una transición que podría aclarar los límites entre lo real y lo soñado o ensoñado, la protagonista afirma: «Y he aquí que estoy extendida al lado de otro hombre dormido» (p. 61). Por otra parte, la descripción del amante también contribuye a la ambigüedad, no obstante de su rostro se desprende «un aspecto casi sobrenatural» (p. 56) subrayado por el vaho irreal de la niebla que lo envuelve y su persistente mutismo, en él se dan detalles, como la medalla de primera comunión, que claramente pertenecen a una realidad cotidiana y reconocible.

Esta mezcla de lo posiblemente soñado o imaginado con elementos reales es un aspecto recurrente en la novela. El detalle de la suegra que se persigna por temor a la tormenta que azota los árboles y la súbita llegada del amante con «los cabellos revueltos y el cuello del gabán muy subido» (p. 66) que se apresura a llevar a la protagonista desvanecida hasta su aposento, crea una duda con respecto a la realidad de lo narrado. Asimismo, la aparición del amante en el estanque está teñida por la irrealidad del carruaje silencioso que surge y desaparece en la niebla y los caballos que beben sin abrir círculos sobre el agua; dicha atmósfera pierde su sentido de ensoñación al yuxtaponerse la figura de Andrés, niño campesino de la hacienda con el cual la protagonista constata la veracidad de lo que acaba de presenciar.

La ambigüedad producida por la mezcla de lo soñado, ensoñado y aparentemente real se hace aún más compleja cuando la protagonista misma comienza a dudar acerca de su encuentro con el amante. Si bien, después de su visita a la casa de la ciudad, ella finalmente concluye que todo fue un sueño, el lector permanece en el enigma no resuelto al enfrentarse con detalles tan concretos como la plaza con su surtidor de agua y la casa que se levanta entre dos árboles. El lector, limitado

a recibir lo narrado a través del filtro de la narradora-protagonista, vacila constantemente en esta realidad ambigua y mul-
tidimensional.

La niebla —motivo estructurante del conflicto de la heroína— que portaba las connotaciones de frío, silencio, oscuridad y muerte, en este nuevo contexto, añade otro significado
simultáneo: la incertidumbre de lo real[36]. Este elemento que
empaña todo lo que invade, presta a las cosas una apariencia
insólita y les usurpa toda cualidad tangible. Según la concepción del mundo observada en la obra, la realidad parece estar
constituida por reflejos que se borran para ser reemplazados
por otros. De esta manera, la niebla funciona como un símbolo ambiguo con dos significados primarios simultáneos que
expresan la situación existencial de la heroína (hermeticidad,
enajenación y muerte en vida) y la pluralidad de una realidad
que se desplaza en la ambivalencia de lo onírico, lo imaginado
y lo tangible.

Para concluir, cabe señalar dos aspectos que se relacionan
con la ambigüedad como recurso artístico que plasma una ideología particular y caracteriza la narrativa femenina de la época.
Ilse Adriana Luraschi ha señalado que la ambigüedad es un
elemento característico del feminismo implícito en las autoras
europeas y latinoamericanas de la década de los años treinta[37].
Esta investigadora ha establecido relaciones significativas entre dicha ideología que se limitó a hacer una protesta soterra-
da con respecto a la situación de la mujer de la época y la elaboración de ambigüedades provenientes precisamente de esta

---

[36] Cedomil Goić, *ibid.,* p. 156.

[37] Ilse Adriana Luraschi. «Coincidencia, ideología y ambigüedad:
María Luisa Bombal, Katherine Mansfield y Virginia Woolf», ponencia
presentada en el Tercer Congreso de Escritoras Latinoamericanas, Ottawa, mayo de 1978.

posición ideológica que no tenía sus bases en un cuerpo doctrinario conducente a un cambio social. Por otra parte, como se ha señalado anteriormente, la subjetividad —originadora de elementos ambiguos— constituye una característica esencial de la narrativa femenina de este período que pone de manifiesto la situación de la mujer latinoamericana alejada de las esferas públicas y restringida a un existir alienado de lo social.

María Luisa Bombal nos ofrece en *La última niebla* la elaboración artística de contenidos que no sólo evidencian una nueva concepción del arte de la novela sino que también expresan la problematicidad de la existencia de la mujer originada en una estructura económica y la ideología resultante.

I V

LA AMORTAJADA: EL RETORNO A LAS RAICES PRIMORDIALES DE LO FEMENINO

Cuando María Luisa Bombal comentó su proyecto de *La amortajada* con Jorge Luis Borges, éste vio en dicho plan el peligro de combinar los elementos de una realidad objetivamente reconocible con aquéllos correspondientes a una subrealidad de carácter maravilloso. En su reseña de la novela aparecida en 1938, año de su publicación, Borges recuerda: «Yo le dije que ese argumento era de ejecución imposible y que dos riesgos lo acechaban, igualmente mortales; uno, el oscurecimiento de los hechos humanos de la novela por el gran hecho sobrehumano de la muerta sensible y meditabunda; otro, el oscurecimiento de ese gran hecho por los hechos humanos. La zona mágica de la obra invalidaría la psicológica o viceversa; en cualquier caso, la obra adolescería de una parte inservible» [1]. El juicio emitido por Borges se explica al constatar la inusitada originalidad que María Luisa Bombal infunde en *La amortajada* al tema de la muerte, tradicionalmente planteado en la literatura como el fin inevitable y definitivo de la vida.

---

[1] Jorge Luis Borges. «La amortajada», *Sur,* vol. 8, núm. 47 (1938), pp. 80-81.

Si en *La última niebla,* la conjunción indiferenciada de lo
soñado, lo ensoñado y lo real plasma la frustración existencial
de la mujer en una narración que se desplaza en un presente
inmediato, en *La amortajada* se elabora dicho tema a través de
un contexto totalizante y redondeado que no sólo cubre el pasado y el presente en la vida de la heroína, sino que también
incorpora su trayectoria e inmersión en el ámbito ignoto de la
muerte. La yuxtaposición de una realidad concreta y una realidad maravillosa expresa una cosmovisión típicamente vanguardista. Basta recordar que André Breton en su Segundo
Manifiesto Surrealista aparecido en *La Révolution Surrealiste*
(1929), subrayó enfáticamente las dimensiones ambiguas y no
empíricas de la realidad. En esa ocasión, el escritor francés
afirmaba que las vivencias de la vida y de la muerte no constituían realidades opuestas y contradictorias, sino parcelaciones
complementarias de una realidad más amplia y compleja compuesta por lo objetivo y racionalmente cognoscible y lo mágico
misterioso. María Luisa Bombal comparte una visión semejante
de la realidad; en una entrevista otorgada a la revista *Ercilla,*
la escritora declaraba: «Todo cuanto sea misterio me atrae.
Yo creo que el mundo olvida hasta qué punto vivimos apoya-
dos en lo desconocido. Hemos organizado una existencia lógica
sobre un pozo de misterios. Hemos admitido desentendernos
de lo primordial de la vida que es la muerte. Lo misterioso
para mí es un mundo en el que me es grato entrar, aunque
sólo sea con el pensamiento y la imaginación» [2]. Las palabras
de María Luisa Bombal evidencian, sin duda, el rechazo de
una visión puramente racional y objetiva de la realidad para

---

[2] «María Luisa Bombal quiso ser actriz, vivió en el Sur, le gusta
el misterio y escribe novelas», *Ercilla,* 17-I-1940, p. 18.

destacar aquellas dimensiones de lo inconsciente, lo invisible y lo imaginario.

Esta es precisamente la cosmovisión manifiesta en *La amortajada,* obra en la cual se presenta una realidad que emana tanto de los hechos y experiencias tangibles en la vida de una mujer como de las vivencias de su conciencia que sobrevive más allá de la muerte. El argumento de la novela se puede resumir en un punto estático y fácilmente verificable en la realidad empírica: una mujer yace muerta en su lecho mientras la rodean aquéllos que algún vínculo tuvieron con su vida. Este punto, sin embargo, posee irradiaciones maravillosas que extienden y amplían lo concreto y usual. La protagonista, no obstante estar muerta, posee aún la conciencia de un ser vivo y puede ver, sentir y oír a los seres que la velan; más aún, es capaz de recordar e incluso recapacitar sobre su existencia pasada. Simultáneamente a esta experiencia en la cual se ligan el pasado y el presente, continúa gestándose el proceso de la muerte que la conduce, de manera inexorable, a la desaparición gradual del mundo de los vivos y la incorpora a las fuerzas primordiales del universo.

Por lo tanto, en la novela se incluyen: el presente del velorio y las vivencias sobrehumanas de la amortajada, los retazos del pasado evocado y el proceso de la muerte que constituye un viaje de inmersión en las profundidades de la tierra. De esta forma, el punto estático de la mujer que yace muerta adquiere un dinamismo sorprendente al fluir hacia un pasado de la realidad de los vivos y un presente que penetra en la zona mágica y misteriosa de la muerte. Estos diferentes estratos de una realidad cuya esencia misma se encuentra en la ambivalencia de lo visible e invisible se elabora a partir de la técnica cinematográfica del montaje.

La disposición de montaje y otros recursos técnicos

La simultaneidad de los variados contenidos de conciencia presentados en *La amortajada* infunden en la novela una cualidad rapsódica típica del arte contemporáneo. En efecto, el rechazo de una realidad empírica y la nueva concepción bergsoniana del tiempo han producido en la obra artística la disgregación de líneas tradicionalmente uniformes y homogéneas para destacar sus dimensiones múltiples y ambiguas [3]. La novela contemporánea ha adoptado, entre otros, el recurso cinematográfico del montaje —rápida sucesión o yuxtaposición de imágenes— con el objetivo de representar la multiplicidad de una realidad polifacética transgrediendo y modificando las barreras convencionales del tiempo y del espacio.

María Luisa Bombal elabora la disposición de su novela a partir de fragmentos ordenados en un montaje espacial y temporal. Estos fragmentos —separados tipográficamente por un espacio en blanco— configuran un mosaico que está compuesto por tres tipos diversos de contenido: uno de ellos recoge las sensaciones de Ana María hacia la circunstancia inmediata del velorio, otro está constituido por los recuerdos que la aproximación de un personaje a su lecho evoca y un último, iniciado por el *leit-motiv* «*Vamos, vamos*» «¿*Adónde?*», pone de manifiesto las nuevas vivencias de la amortajada durante el viaje de inmersión en el ámbito subterráneo y primordial. A través del montaje ordenado en la forma alternada del contrapunto se logra capturar la coexistencia de elementos tradicionalmente

---

[3] Arnold Hauser elabora detalladamente este aspecto en su capítulo «Bajo el signo del cine». (*Historia social de la literatura y el arte,* vol. III. Madrid: Editorial Labor, S. A., 1974, pp. 270-315.)

concebidos como entidades dispares y ajenas: el pasado se liga al presente en un momento único, la conciencia perdura más allá de la muerte corporal y a la objetividad de lo tangible se yuxtapone el misterio del viaje póstumo a la zona primordial del universo.

Por otra parte, en el plano de la composición también se da un elaborado sistema de perspectivas que refuerzan la visión de la realidad como un conjunto complejo y relativo. En primer plano, se destaca una narradora de omnisciencia selectiva cuya función principal consiste en organizar y hacer presente el mundo narrado sin establecer una jerarquía con respecto a los personajes y su grado de conocimiento limitado. Su distancia hacia lo narrado varía desde una visión panorámica —como aquélla que nos introduce al velorio— hasta el *close-up* y la interiorización, nivel en el cual ocurren los monólogos interiores de Ana María, Fernando y el sacerdote Carlos.

La característica más notable de la narradora reside en una identificación afectiva con la protagonista. María Luisa Bombal explica esta actitud al definirla como: «Una mujer que contempla a otra mujer y siente compasión por lo que le ocurrió en vida y sólo comprende en la muerte» [4]. Por consiguiente, la narradora, lejos de asumir la posición objetiva típica del narrador decimonónico, se destaca por un grado de subjetividad que le otorga un temple de ánimo afectivo-emocional e infunde en su lenguaje una característica expresiva inherente al género lírico [5]. Su tono varía de acuerdo a los sentimientos de

---

[4] Entrevista con María Luisa Bombal. (Octubre 1977.)

[5] Cedomil Goić explica este fenómeno señalando la distancia mínima y la identificación en el punto de vista entre la narradora básica y la protagonista. Goić define la narración de la siguiente manera: «Una narración de primer grado asentada por un narrador básico ajeno al mundo narrativo y separado del personaje protagónico pero

la amortajada y, en algunas ocasiones, adquiere un alto grado de afectividad, sorpresa o compasión. Así, en el primer párrafo de la novela, la narradora dice: «Y luego que hubo anochecido, se le entreabrieron los ojos. ¡Oh, un poco, muy poco! Era como si quisiera mirar escondida detrás de sus largas pestañas» [6]. La sorpresa implícita en la exclamación reiterativa « ¡Oh, un poco, muy poco!» pone de manifiesto, desde el principio de la narración, una actitud subjetiva de parte de la narradora que se interrelaciona estrechamente con la protagonista.

En algunas ocasiones, este fenómeno de interrelación afectiva hace de la narradora básica una voz resonante que participa de las dudas y descubrimientos de Ana María en el nuevo estado de la muerte. Por ejemplo, en el momento en el cual Ana María comprende el verdadero significado de su relación con Ricardo, se nos presenta la siguiente interiorización: «Y comprende que, sin tener ella conciencia, había esperado, había anhelado furiosamente este momento. ¿Era preciso morir para saber ciertas cosas?» (p. 44). Esta sección de la novela culmina con la exclamación de la narradora: « ¡Ah, Dios mío, Dios mío! ¿Es preciso morir para saber ciertas cosas?» (p. 45). La cualidad resonante de esta exclamación subraya cómo las vivencias de Ana María, narradora-protagonista, encuentran un eco afectivo en la narradora básica. La íntima relación de esta última hacia lo narrado anula el distanciamiento del lec-

que guarda una distancia mínima con él puesto que cuando se refiere a él objetivamente distante, se identifica con el punto de vista de la conciencia de la amortajada, haciendo uso de una omnisciencia selectiva, esto es, de un grado de conocimiento que sostenidamente tiene acceso a la interioridad y a la experiencia peculiar y maravillosa de la conciencia de Ana María». *El Cronista*, 24-XI-1976, p. V.

[6] María Luisa Bombal. *La amortajada* (Buenos Aires: Editorial Orbe, 1969), p. 11.

tor, razón por la cual Margaret V. Campbell le ha atribuido el papel de confidente que escucha y se identifica con la protagonista [7].

Aparte de la narradora básica, se observan otros narradores que se dirigen a distintos oyentes. Durante la narración en primera persona, Ana María habla a Ricardo, su amante de la adolescencia, interpela a Fernando, el hombre que en su edad madura la cortejó sin lograr establecer una relación amorosa, se dirige compasivamente a su hermana Alicia o murmura palabras de afecto a María Griselda mientras su espíritu la roza levemente. En otro momento, somos testigos de las frases cargadas de resentimiento de parte de Fernando quien increpa a la amortajada por una actitud indiferente que a la vez le permitía alimentar la esperanza de un contacto afectivo. Posteriormente, durante el entierro, escuchamos la versión cariñosa y comprensiva del sacerdote Carlos acerca de Ana María a quien conoció desde niña. La presencia de varios narradores con una perspectiva y un oyente o destinatario diferentes configura, de esta manera, una narración de características caleidoscópicas. Si, por una parte, conocemos la existencia de la protagonista a partir de un testimonio personal y autobiográfico, al mismo tiempo, se nos entregan otras perspectivas exteriores que están marcadas, ya sea por el resentimiento como en el caso de Fernando o por el afecto paternal del sacerdote.

El montaje, el contrapunto y el perspectivismo anulan de-

---

[7] Margaret V. Campbell, sin embargo, se limita a sugerir este rol del lector sin penetrar en las características del modo narrativo y la posición y actitud de la narradora básica; para Campbell, la identificación del lector se debe, más bien, a la universalidad de los temas tratados. Ver su artículo «The Vaporous World of María Luisa Bombal» (*Hispania,* XLIV, núm. 3 [Septiembre 1961], pp. 415-419).

finitivamente la interpretación racional y fija tanto de la realidad como de la existencia humana inserta en ella. Demás está decir que estos recursos técnicos refuerzan el concepto de su relatividad y complejidad, visión que marca la crisis del pensamiento positivista y la consecuente génesis de la novela contemporánea [8]. La vida de Ana María y sus relaciones con los otros se distinguen como conjuntos polifacéticos y variables, asimismo, su muerte que en apariencia es para los que asisten al velorio el fin definitivo de su paso por el mundo, resulta ser una continuación de la vida a un nivel primordial donde fluye el origen mismo de todo lo creado.

El tema del amor como reafirmación del ser femenino

Un aspecto que a primera vista llama la atención en *La amortajada* es la prioridad otorgada a las experiencias amorosas de la protagonista. Aparte de la preocupación trascendental acerca de la existencia de Dios, poco se elaboran sus relaciones con el padre o con los hijos y, en ningún momento, se plantean sus reacciones hacia un microcosmos social más amplio que correspondería al momento histórico en el cual le correspondió vivir. En su análisis de la novela, Hernán Vidal destaca la ausencia de una activa participación histórica como un elemento caracterizador de la narrativa de María Luisa Bombal, nos dice: «Así se recapitula una tendencia constantemente observada en los otros relatos de María Luisa Bombal: la de

---

[8] A partir de Marcel Proust, se observa una recurrencia significativa de estos recursos técnicos como elementos que plasman, al nivel de la composición, un nuevo concepto de la realidad. Baste recordar obras señeras como *Ulises,* de James Joyce; *Los monederos falsos,* de André Gide, o *Las olas,* de Virginia Woolf.

presentar heroínas en el limbo que excluye a la mujer de la participación histórica en la realidad circundante, condenándoselas a la locura, el ensueño o a la calidad de seres siempre disponibles y nunca concretados en un compromiso específico de acción en su mundo» [9].

La omisión de este compromiso social al que alude Vidal debe comprenderse dentro de un contexto histórico e ideológico ya comentado en nuestra sección preliminar. María Luisa Bombal no asumió como escritora una posición feminista revolucionaria que planteara una modificación del rol subordinado de la mujer a partir de transformaciones al nivel básico de las estructuras económicas. Por el contrario, la autora, compartiendo una ideología dominante en la clase burguesa a la cual ha pertenecido, optó por un feminismo implícito que se limitó a describir los conflictos típicos de una heroína con el objetivo de representar un prototipo de la mujer latinoamericana de los estratos sociales más altos. Por lo tanto, en su narrativa, no se nos ofrece un planteamiento político sino, más bien, una denuncia de las contradicciones y conflictos de la existencia femenina inserta en una sociedad que tronchó, desde un principio, toda participación activa o beligerante. Mercedes Valdivieso define muy bien este aspecto en la obra de María Luisa Bombal al afirmar:

> Las protagonistas de María Luisa Bombal no tienen salvación. Son seres condenados por una sociedad que las ha marcado de tal manera que la libertad o la realización del ser ni siquiera se plantea como posibilidad o esperanza. Y es en el tipo de relaciones que establecen con el hombre en donde esta alienación se hace más evidente. Es el hombre el elemento que presente o soñado marcará la vida de las protagonistas de *La última niebla*

---

[9] Hernán Vidal. *María Luisa Bombal: La feminidad enajenada* (Barcelona: Hijos de José Bosch, S. A.), 1976, pp. 118-119.

y de *La amortajada,* para ambas la vida emocional, temporal dependerá del capricho o la determinación de los hombres que las rodean. No se pertenecen en absoluto [10].

Este no pertenecerse equivale a una dependencia existencial cuyas verdaderas raíces se encuentran en los roles asignados a los sexos por una estructura económica determinada. En consecuencia, la mujer —como la ha definido Simone de Beauvoir— es un ser inesencial que no logra la autorrealización por acciones propias, sino a través de sus relaciones amorosas con el hombre, es decir, lo Absoluto [11].

Comprendida dentro de este contexto, la ausencia de acciones concretas de parte de la heroína para modificar una situación histórica específica no viene sino a ser la prolongación de una dependencia económica y existencial que es reforzada por el código de conducta de una sociedad que preconiza la pasividad como modo apropiado para el sexo femenino.

Las experiencias amorosas de Ana María se nos plantean así como etapas claves en la trayectoria de una heroína que, por ser una representación prototípica de la mujer de la época, está predeterminada a buscar la realización trascendental en el amor y no en acciones dirigidas al mundo exterior, o sea al ámbito de lo social y lo histórico.

Las relaciones de Ana María con Ricardo, Antonio y Fernando representan respectivamente la iniciación de los instin-

---

[10] Mercedes Valdivieso. «Relaciones femeninas enajenadas en *La última niebla* y *La amortajada.*» Ponencia presentada en el Tercer Congreso de Escritoras Latinoamericanas (Ottawa, Canadá, mayo de 1978).

[11] Simone de Beauvoir. *El segundo sexo,* tomos I y II (Buenos Aires: Ediciones Siglo xx, 1962).

tos, la entrada pasiva en la convención social simbolizada por el matrimonio y la sublimación inofensiva en el adulterio no consumado. Desde el punto de vista del desarrollo de la protagonista, estas instancias no sólo subrayan el paso de la adolescencia a la juventud y la edad madura, al nivel más significativo de la visión del mundo ofrecida en la novela, ellas marcan la progresiva degradación de las dimensiones instintivas y primordiales de lo femenino subyugado por el conformismo social. A medida que la heroína va ajustando su existencia a las regulaciones de la sociedad, se va cerrando toda posibilidad de reafirmar su ser.

En la relación amorosa de Ana María con Ricardo, tanto las características del espacio como la elaboración del motivo del amante sustentan una visión del amor como impulso instintivo que convive armoniosamente con las fuerzas de la Naturaleza. En primer lugar, cabe destacar la figura de Ricardo descrito como un adolescente vigoroso, vital e indómito que posee todos los secretos de la naturaleza silvestre. Su cuerpo dorado por el sol parece una prolongación de aquellos elementos naturales que emanan calor o un dinamismo vital. Así, la primera vez que Ana María experimenta ternura hacia el joven, éste yace dormido entre las gavillas de trigo, símbolo de la fertilidad. Cuando regresa a casa, luego del incidente con su padre, Ana María nos lo describe de la siguiente manera: «Traías el torso semidesnudo, los cabellos revueltos y los pómulos encendidos por dos chapas rojizas... Todo tu cuerpo despedía calor, era una brasa» (p. 24). Posteriormente, el día en que se produce la iniciación sexual, Ricardo, montado en su caballo alazán, se destaca como una fuerza indómita de la naturaleza misma. Ana María recuerda: «El viento retorcía los árboles, golpeaba con saña la piel del caballo. Y nosotros luchábamos contra el viento... Volqué la frente para mirarte. Tu cabeza se recortaba extrañamente sobre un fondo de cielo donde grandes nubes galopaban, también, como enloquecidas» (p. 26). El movimiento del caballo, símbolo de la pasión y los instintos, encuentra su correlato o analogía en el impulso libre del viento y de las nubes que traerán consigo la fuerza fertilizante de la lluvia. Ana María descubre en Ricardo al «hombre fuerte y dulce» (p. 28), al principio masculino simbolizado por el sol [12].

El carácter instintivo de la relación entre los jóvenes le otorga a cada gesto un grado de sensualidad en el cual predominan las sensaciones básicas producidas por el contacto de la piel, el calor y los olores. La imagen del «oscuro clavel silvestre» (p. 29) cuyo aroma colma de felicidad a Ana María define en sí este amor en el cual los amantes se entregan libremente a sus impulsos naturales. Las características del espacio no vienen sino a subrayar esta expresión de los instintos, de lo que aún no ha sido regulado por las normas sociales. En consecuencia, el ámbito natural es un conjunto que crece en forma libre y silvestre, como se ilustra a continuación: «El caballo acortó el paso. Con precaución y sin ruido salvaba obstáculos: rosales erizados, árboles caídos cuyos troncos mojados corroía el musgo; hollaba lechos de pálidas violetas inodoras y hongos esponjosos que exhalaban, al partirse, una venenosa fragancia» (p. 27). En la humedad fertilizante crecen hongos y musgos que sugieren lo primordial, no aún dominado por la fuerza civilizadora del hombre. Posteriormente, se mencionarán en el espacio otros elementos de carácter similar tales como los ruidos de los animales indomados que lo habitan y el humo azul que brota de la hojarasca húmeda, lecho en el cual palpita lo viviente.

---

[12] Hernán Vidal, op. cit., pp. 121-123.

La heroína adolescente se entrega a la sensualidad vital ignorando las severas normas de su sociedad que tradicionalmente han requerido en la mujer soltera una inexperiencia sexual simbolizada por la virginidad. En este aspecto resulta significativo el detalle de las trenzas deshechas que aletean en el viento, el cabello suelto, como en el caso de Regina en *La última niebla,* viene a simbolizar el impulso instintivo alejado de toda convención o regulación social. Es más, al descubrir que espera un hijo, Ana María hace caso omiso de las consecuencias sociales de su estado y se entrega a un goce igualmente sensual. La realidad circundante despierta en ella nuevas sensaciones que prolongan sus vivencias fuera del ámbito racional de la regulación social. La protagonista recuerda:

> Ignoraba por qué razón el paisaje, las cosas, todo se me volvía motivo de distracción, goce plácidamente sensual: la masa oscura y ondulante de la selva inmovilizada en el horizonte, como una ola monstruosa, lista para precipitarse; el vuelo de las palomas, cuyo ir y venir rayaba de sombras fugaces el libro abierto sobre mis rodillas; el canto intermitente del aserradero —esa nota aguda, sostenida y dulce, igual al zumbido de un colmenar— que hendía el aire hasta las casas cuando la tarde era muy límpida (pp. 33-34).

La naturaleza con su movimiento, color y sonidos despierta en la protagonista un existir puramente físico y básico que la asemeja a todo lo natural; significativamente, la vida que florece en su vientre encuentra un eco armonioso en el flujo renovador de la primavera. Ana María recuerda: «Cierta mañana, al abrir las celosías de mi cuarto reparé que un millar de minúsculos brotes, no más grandes que una cabeza de alfiler, apuntaban a la extremidad de todas las cenicientas ramas del jardín. Era curioso; también mis dos pequeños senos prendían, parecían desear florecer con la primavera» (p. 32). Este lazo entre Ana María y la Naturaleza prolonga el impulso instintivo y vital de su relación con Ricardo.

El abandono definitivo de Ricardo y el posterior aborto aniquilan de golpe una existencia natural y armónica. La heroína ha perdido su razón de ser y se recluye en el espacio cerrado de la casa abandonando aquel ámbito natural y libre de la selva; su cabello ahora cuelga atado en una apretada trenza y sus días transcurren en el monótono y vacío acto de tejer. La aniquilación de toda voluntad o impulso vital explica su aceptación pasiva de los requerimientos de Antonio. Ana María entra a la institución del matrimonio por despecho a Ricardo y guiada por aquella única meta que su sociedad fijó para la mujer.

Irónicamente, la entrada en el mundo convencional marca a la vez la consumación verdadera del instinto sexual. Como diría Simone de Beauvoir, la mujer ha sido nuevamente traicionada por su constitución sico-biológica que posterga la experiencia del orgasmo sexual durante un tiempo indeterminado. El placer la ata irrevocablemente a Antonio; si para ella el placer es el comienzo del amor definido como eterno por las normas de la institución conyugal, para Antonio, en una sociedad que valora la seducción sexual como expresión de virilidad, éste no es más que la porción legal de su vida amorosa. Esta diferencia se hace aún más marcada si consideramos que la concepción del amor en cada sexo es obviamente distinta. Para la mujer, el amor es la razón de ser y, por lo tanto, toda su vida gira alrededor de su relación amorosa con el Absoluto; en el hombre, por el contrario, el amor es una dimensión secundaria de su existencia que logra la realización a través de sus acciones en las esferas públicas del trabajo y de las relaciones sociales. De aquí la queja resignada de Ana María al exclamar : «¿Por qué, por qué la naturaleza de la mujer ha de ser tal que tenga que ser siempre un hombre el eje de su vida? Los hombres, ellos, logran poner su pasión en otras cosas. Pero el destino de las mujeres es remover una pena de amor en una casa ordenada ante una tapicería inconclusa» (p. 103).

Es importante notar que en esta queja la dependencia existencial de la mujer se atribuye a «leyes naturales», a un «ciego destino» imposible de modificar. La heroína no cuestiona jamás las contradicciones o injusticias del sistema social. Como la protagonista de *La última niebla,* recurre a la evasión, única salida para la soledad y la frustración. Significativamente, la evasión, en el caso de Ana María, asume la forma del acto fingido y las falsas apariencias que satisfacen la convención social [13]. El conflicto entre «el ser y el parecer» se manifiesta, por ejemplo, en el momento en el cual Ana María descubre el desamor de su marido expresado por el puntapié a su chinela de cuero azul, se nos dice: «Todo un día de calor por delante. Tener que peinarse, que hablar, ordenar y sonreír. «¿La señora está triste con un tiempo tan lindo?...». «Mamá, ven a jugar con nosotros...». «¿Qué te pasa? ¿Por qué estás siempre de mal humor, Ana María?» ... Tener que peinarse, que hablar, ordenar y sonreír. Tener que cumplir el túnel de un largo verano con ese puntapié en medio del corazón. Se había apoyado contra la pared, de golpe horriblemente fatigada» (pp. 102-103).

Por conservar las apariencias de madre y esposa feliz, Ana María, no obstante la tragedia del desamor y la soledad, debe continuar su rol social protegida por una serie de actos cotidianos fingidos. Ante la indiferencia, el dominio y la infideli-

---

[13] Hernán Vidal comenta al respecto: «A su vez, vivir la rutina de los quehaceres diarios sin amor obliga a Ana María a adoptar una máscara de hipocresía en cuanto a la situación real de su existencia». *Ibid.,* p. 133.

dad de Antonio, la rebeldía o la separación son inconcebibles:
Ana María, en su calidad de «mujer decente», está condenada
a la aceptación pasiva y resignada. La frase del abogado: «pien-
se que hay medidas que una señora no puede tomar sin re-
bajarse» (p. 106) resumen el poder abrumante y aniquilador
de un orden social burgués que ha mantenido a la mujer en
la impotencia pasiva. Por consiguiente, en la existencia de la
protagonista se produce la escinsión enajenada entre su ser
insatisfecho y el mundo circundante. La esencia vital e instintiva de lo femenino se va degradando en el mundo de la regulación social simbolizado por el espacio cerrado de la casa
y la existencia de la heroína se va empequeñeciendo («Pasa-
ron años. Años en que se retrajo y se fue volviendo día a día
más limitada y mezquina», p. 103).

Como en *La última niebla,* al nivel de la visión del mundo, la evasión se plantea como una salida inadecuada aunque
la única posible dentro de las estructuras socio-económicas
existentes. Inútilmente, Ana María recurre al romanticismo
melodramático, durante años se repite la frase: «Sufro, sufro
de ti como de una herida constantemente abierta» (p. 108),
pero el sufrimiento y la vaciedad de su ser superan todo sen-
timentalismo cliché. El odio y el rencor hacia Antonio reem-
plazan al amor modificando radicalmente aquellos lazos que,
según la sociedad, deben unir a un hombre y a una mujer en
el matrimonio.

Víctima de la dependencia existencial de la mujer de su
época, la única salida tiene que estar irrevocablemente en una
relación con el otro sexo. Recurre así al adulterio no consumado para sublimar su frustración. El motivo del adulterio ensoñado en *La última niebla* se transforma acá en una relación
mórbida y degradada. Si el amor instintivo y vital de su adolescencia se transformó en amor institucionalizado durante su

juventud, ahora, en la edad madura, el amor ha degenerado en una relación egoísta y humillante. Ana María, por despecho a su marido, busca en Fernando a un confidente que le sirva de amparo para su soledad, al mismo tiempo encuentra en él el halago que la hará sentir mujer sin caer en la ilegalidad sancionada de la infidelidad matrimonial. Así, su relación con Fernando está teñida por la crueldad de mantener una ilusión sin permitir que ésta sea consumada. A su vez, Fernando se obstina en un deseo que íntimamente desea anular, Hernán Vidal define la situación del personaje diciendo: «El amor por la mujer no es, entonces, un perfeccionamiento espiritual, sino una tortura de la que íntimamente desea escapar» [14].

Aunque en ningún momento siente amor por Fernando, la heroína nuevamente es víctima de su situación dependiente puesto que, sin darse cuenta, las visitas y requerimientos del amante rechazado se convierten en una razón de ser. Y así, aún en su lecho de enferma, espera con ansias sentir la presencia de Fernando cerca de su cuarto al cual obstinadamente le ha vedado la entrada.

Este aspecto nos parece altamente significativo como elemento caracterizador de la trayectoria de la heroína. Desde la adolescencia hasta la muerte, la existencia de Ana María estuvo subordinada a una relación con el otro sexo representativo del poder y el dominio. No obstante el motivo del amante en las tres instancias sufre modificaciones, en esencia, la imagen del hombre es la misma. Tiranía y vigor físico en Ricardo, orgullo y poder inviolable en Antonio, racionalismo y frialdad calculadora en Fernando —estas son las características primarias de lo masculino visto desde una perspectiva femenina que responde a la mitología acerca de los sexos predominante en

---

[14] *Ibid.*, p. 128.

la primera mitad del siglo xx [15]—. Sin embargo, cuando Ana
María descubre que Antonio, «dueño y señor» hasta de su muerte (p. 84), es, en esencia, un ser débil y vulnerable, todo el odio
acumulado hacia él se desvanece y con ello, simbólicamente,
toda razón de existir. Su grito «Quiero vivir. Devuélvanme,
devuélvanme mi odio» (p. 113) expresa y resume toda una
vida que ha dependido de sus relaciones con el hombre para
alcanzar la autorrealización.

La vida de Ana María plasma, por lo tanto, una visión
trágica de la mujer y de su lugar en el mundo. Arthur Natella
comenta acertadamente: «*La amortajada* implica en su título
una separación, una alienación infranqueable entre una mujer
y los otros seres con quienes ha querido entablar una comunicación. La muerte de Ana María, la protagonista de esta novela, representa en forma simbólica la separación menos pal-
pable que había existido en la vida misma» [16]. Según la visión
del mundo observada en la obra, la mujer de la sociedad burguesa está condenada a la pasividad y la enajenación puesto
que no existe ninguna posibilidad de realizar acciones concretas y auténticas que modifiquen aquellos factores que yacen
en el origen mismo del conflicto. Esta visión se explica, al nivel ideológico, por el hecho de que María Luisa Bombal participa de ese orden social aunque personalmente logra diluci-

---

[15] Es importante señalar que María Luisa Bombal define a los
hombres como «intelectuales, racionales, protectores y poderosos» a
diferencia de las mujeres a quienes concibe como «puro sentimiento
y emoción». (Entrevista con la autora, diciembre 1977.) Esta caracterología responde a la visión predominante acerca de los sexos en nuestra sociedad, como demuestra Jorge Gissi Bustos en su artículo ya
discutido en nuestra sección preliminar.

[16] Arthur Natella. «El mundo literario de María Luisa Bombal»,
Cinco aproximaciones a la narrativa hispanoamericana (Madrid: Editorial Playor, 1977), p. 134.

dar las contradicciones e injusticias del sistema que conducen a la mujer a una situación problemática en la cual se da una acentuada heterogeneidad e inadecuación entre los anhelos de la mujer y el mundo social circundante. Dada esta posición crítica de la autora en la cual no se observa una base reformista o revolucionaria, la única salida o solución posible para la conflictividad de la existencia de la heroína se encuentra en el ámbito arquetípico y maravilloso de la muerte y no en el contexto individualizado de la sociedad en un momento histórico específico.

Función y sentido de la muerte

En *La amortajada,* la muerte no sólo significa el retorno al paraíso perdido de lo primordial, es también el estado espiritual que conduce a una verdadera comprensión de lo vivido. La novela se inicia con la presentación del cuerpo ya fenecido de Ana María mientras la rodean los miembros de su familia. La escena se describe de la siguiente manera: «A la llama de los altos cirios, cuantos la velaban se inclinaron, entonces, para observar la limpieza y la transparencia de aquella franja de pupila que la muerte no había logrado empañar. Respetuosamente maravillados se inclinaban, sin saber que Ella los veía» (p. 11). El rasgo maravilloso de los ojos a medio abrir permite a la amortajada ver y sentir a aquéllos que la rodean. Más allá de las sensaciones físicas que perduran, el motivo de la amortajada omnividente plasma el concepto de la muerte como un estado en el cual se recapitula sobre el pasado en una revisión póstuma que produce una comprensión más completa acerca de la existencia. Simbólicamente, la franja luminosa de sus ojos entornados permite a Ana María penetrar en esferas más profundas de lo que sólo pudo vislumbrar y comprender a medias en la vida.

Por primera vez, la heroína conoce el ser intrínseco de quienes tuvieron algún vínculo con ella y, bajo esta nueva perspectiva, comprende verdaderamente el significado de su existencia que se traduce en un Yo y en un Otro. La obra, en su estructura de novela de personaje, va develando gradualmente una especie de anagnórisis o reconocimiento de las limitaciones, los errores y las pasiones de su trayectoria en este mundo. Así, luego del cúmulo de recuerdos motivados por la presencia de Ricardo, la amortajada reflexiona:

> Comprende que en ella dormía, agazapado, aquel amor que presumió muerto. Que aquel ser nunca le fue totalmente ajeno.
> Y era como si parte de su sangre hubiera estado alimentando, siempre, una entraña que ella misma ignorase llevar dentro, y que esa entraña hubiera crecido, así, clandestinamente, al margen y a la par de su vida.
> Y comprende que, sin tener ella conciencia, había esperado, había anhelado furiosamente este momento. ¿Era preciso morir para saber ciertas cosas? Ahora comprende también que en el corazón y en los sentidos de aquel hombre ella había hincado sus raíces; que jamás, aunque a menudo lo creyera, estuvo enteramente sola; que jamás, aunque a menudo lo pensara, fue realmente olvidada. (pp. 44-45.)

La reiteración de la palabra «comprende» subraya el súbito reconocimiento de lo que realmente significó esta relación amorosa para la protagonista y Ricardo. Los vocablos «agazapado», «dormía», «entraña» y «raíces» hacen explícito lo recóndito y permanente de un sentimiento que, al nivel de la conciencia, era ignorado. La oración «¿Era preciso morir para saber ciertas cosas?» pone de manifiesto el concepto de la muerte como verdadera comprensión de la existencia. Sin embargo, esta comprensión está teñida por lo irrevocable, pues ya es demasiado tarde para modificar lo vivido [17]. La imposibilidad de rehacer una existencia se vivifica en la exclamación de la narradora básica: « ¡Ah, Dios mío, Dios mío! ¿Es preciso morir para saber ciertas cosas?». La vida avanza inexorablemente y no es posible volver atrás o detener el flujo del tiempo; el *leit-motiv* «El día quema horas, minutos, segundos» va interrumpiendo las experiencias recuperadas a través del recuerdo para subrayar el paso implacable del tiempo.

De igual modo, Ana María va comprendiendo la verdadera esencia de su marido y de sus hijos: una nueva y aguda percepción le hace descubrir en los párpados rugosos y secos de su hijo Alberto la pasión que corroe su espíritu y lo incita a mantener a su esposa lejos de la vista de cualquier otro hombre. Por otra parte, la vulnerabilidad de Antonio frente al sufrimiento y la vejez no sólo elimina su rencor, sino que también desmitifica el dominio aparentemente inquebrantable del sexo masculino. Así como la muerte ilumina su propia vida, los otros, ante la muerte de la madre o la mujer amada, dejan fluir sentimientos latentes que nunca antes expresaron. Su hija, en apariencia, fría e indiferente, la acaricia; Fernando, a su vez, se da cuenta que inconscientemente deseó siempre liberarse de los lazos de deseo y crueldad que lo unieron a Ana María. Implícitamente, por lo tanto, la vida se concibe como una red de relaciones en la cual prima la incomunicación y el sentimiento inhibido.

Si en vida Ana María no logró conocer lo íntimo de los

---

[17] Este aspecto ha sido destacado por Víctor M. Valenzuela en *Grandes escritoras hispanoamericanas: Poetisas y Novelistas* (Santiago, Chile: Arancibia Hermanos, 1974), pp. 108-109 y por Radoslav Ivelic y Fidel Sepúlveda en «Bases críticas para una valoración de la novela chilena», *Aisthesis*, núm. 3 (1968), pp. 62-63.

otros y de sí misma, también le estuvo vedada la experiencia plena del cosmos que sólo le fue posible vislumbrar durante la adolescencia. En el nuevo estado espiritual de la muerte, alejada totalmente de las preocupaciones diarias y los nimios objetos de su mundo cotidiano en el espacio cerrado de la casa, la amortajada se desprende y libera de lo concreto, superficial y pragmático para penetrar en los misterios de la Naturaleza y su flujo de vida y muerte. Sus nuevas sensaciones y vivencias en íntima unión con la totalidad indisoluble de todo lo creado constituye la etapa preparatoria a la integración definitiva en las esferas de lo primordial.

En este sentido, el conocimiento de los secretos de la noche —experiencia con la cual se inicia la novela— marcaría al nivel arquetípico la primera entrada en el ámbito desconocido de los orígenes. Mientras la protagonista yace en su lecho, la lluvia y su monótono murmullo invade el paisaje y produce en ella una vivencia desconocida en vida. Esta unión casi panteísta se describe de la siguiente manera:

> La lluvia cae fina, obstinada, tranquila. Y ella la escucha caer. Caer sobre los techos, caer hasta doblar los quitasoles de los pinos, y los anchos brazos de los cedros azules, caer. Caer hasta anegar los tréboles, y borrar los senderos, caer.
>
> Escampa, y ella escucha nítido el bemol de lata enmohecida que rítmicamente el viento arranca al molino. Y cada golpe de aspa viene a tocar una fibra especial dentro de su pecho amortajado.
>
> Con recogimiento siente vibrar en su interior una nota sonora y grave que ignoraba hasta ese día guardar en sí.
>
> Luego, llueve nuevamente. Y la lluvia, cae, obstinada, tranquila. Y ella la escucha caer.
>
> Caer y resbalar como lágrimas por los vidrios de las ventanas, caer y agrandar hasta el horizonte las lagunas, caer. Caer sobre su corazón y empaparlo, deshacerlo de languidez y tristeza...
>
> No recuerda haber gozado, haber agotado nunca, así, una emoción. (pp. 14-16.)

El goce e intensidad de esta nueva emoción emanan de una unión espiritual que se asemeja a aquella conjunción armoniosa de todos los elementos del universo. El espíritu de la amortajada ha alcanzado una pureza que le permite volver a ser una parte integrante del cosmos y así, en lo íntimo de su ser, el ritmo regular de la lluvia encuentra un eco emotivo. El sonido que el viento arranca al molino la conmueve intensamente y del mismo modo como el paisaje es invadido por la languidez y tristeza de la lluvia, su corazón es también inundado por esta sensación anímica. Se produce, entonces, una unión armoniosa y afectiva que se subraya, en el nivel estilístico, por el ritmo de las oraciones y la reiteración del vocablo «caer».

Es importante señalar que la lluvia y la noche son elementos simbólicamente asociados con el origen mismo de la vida. En las diferentes cosmogonías, la oscuridad de la noche corresponde al estado pre-formal del universo; así, por ejemplo, entre los griegos, la noche recibía el nombre de «la madre de los dioses» para indicar que las tinieblas habían precedido la fertilidad y la creación. Los movimientos cíclicos de la luna y del día y la noche han sido, tal vez, los símbolos religiosos más frecuentes en todas las culturas para representar la muerte y resurrección de todo lo creado [18]. Por otra parte, la lluvia con una doble virtud que deriva de su carácter acuático y celeste, se destaca como un elemento fecundante y renovador del cosmos concebido esencialmente como un proceso infinito de muerte y regeneración [19]. En este contexto arquetípico, las vivencias de la noche y la lluvia constituyen una etapa inicia-

---

[18] Mircea Eliade. *The Myth of the Eternal Return* (Princeton: Princeton University Press, 1965).

[19] Juan-Eduardo Cirlot. *Diccionario de símbolos tradicionales* (Barcelona: Editorial Labor, S.A., 1969), pp. 62-64.

toria que continúa una vez que el cuerpo de la amortajada
es llevado, durante el atardecer, al panteón familiar. En este
viaje póstumo, Ana María, al pasar por la escalinata del jardín
de su casa, descubre la belleza de la piedra, símbolo de la permanencia inquebrantable del cosmos [20]; posteriormente, su féretro es conducido a una avenida; allí, por primera vez, observa en los árboles ondulaciones y texturas armoniosas que reflejan otros elementos de la totalidad cósmica. Se nos dice: «Ya
no la exaspera el altivo continente del álamo; por primera
vez nota que su follaje tiene ondulación y reflejos de agua agitada. Vienen luego a su encuentro los macizos eucaliptos. A
lo largo de sus troncos cuelgan, desprendidas, estrechas lon-
jas de corteza que descubren, por vetas, una desnudez celeste
y lechosa. Ella piensa enternecida: «Es curioso. Tampoco lo
noté antes. Pierden la corteza igual que las culebras la piel en
primavera» (pp. 123-124). Como ha destacado Mircea Eliade,
el árbol representa la vida del cosmos: su crecimiento, proliferación, generación y regeneración. Simboliza, en consecuencia, «una vida sin muerte» que se traduce ontológicamente
por una realidad absoluta nutrida por la vida inagotable [21]. Es
entonces significativo que el ingreso de la amortajada a la tierra
de los muertos ocurra precisamente bajo la luna en su cuarto
creciente, elemento que representa la periodicidad sin fin y,
por ende, la inmortalidad en un proceso de cambio cíclico.

La connotación simbólica de las experiencias de la amortajada en el ámbito natural y cósmico refuerzan una concepción de la muerte como proceso de inmersión en lo primordial y permanente. Este concepto se elabora de manera más

---

[20] *Ibid.,* pp. 374-375.
[21] Mircea Eliade. *Patterns in Comparative Religion* (Nueva York:
The World Publishing Company), pp. 265-326.

amplia en la novela a través del motivo del viaje del alma que constituye una traslación fragmentada hacia las profundidades de la tierra. Es importante señalar que el motivo del viaje de inmersión ha sido tradicionalmente ligado a la concepción de la muerte, en la mitología griega, por ejemplo, Carón transportaba en su barca las almas de los muertos a través del lago Estigia para conducirlos al mundo subterráneo de Hades. Lo interesante en *La amortajada* es la manera en la cual se modifica dicho motivo para plasmar un concepto original con respecto a la vida y la muerte. El viaje fragmentado de descenso e inmersión en las entrañas de la tierra se inicia con el *leitmotiv* «Vamos, vamos» «¿Adónde?» y sigue un ritmo determinado por el proceso de comprensión que la protagonista va experimentando: la primera etapa del viaje comienza inmediatamente después de la recapitulación sobre la experiencia amorosa con Ricardo, la compasión hacia el tormento de Alberto trae consigo un nuevo fluir del viaje interrumpido, posteriormente, las reflexiones acerca de su matrimonio con Antonio inician una tercera parte del viaje para culminar en una etapa final que coincide con el entierro y el abandono definitivo del microcosmos familiar y natural en el cual estuvo inserta su vida [22]. Por lo tanto, la muerte, lejos de constituir un momento breve y definitivo que conduce a la nada, es, más bien, un período en el cual los seres humanos se perfeccionan espiritualmente y van comprendiendo poco a poco el significado de la vida y de las fuerzas cósmicas. Este proceso co-

---

[22] Hernán Vidal ha explicado la estructura fragmentada del viaje como consecuencia de un proceso de liberación logrado por una nueva perspectiva acerca de las relaciones de la protagonista con Ricardo y Antonio. Para Vidal, estas dos experiencias con el sexo masculino representan los límites síquicos con los cuales Ana María enfrentó la realidad. (Vidal, op. cit., pp. 124-130.)

mienza con la muerte física y culmina en el instante en el cual el cuerpo es depositado en la tumba. Luego que se rompen los vínculos que nos ataron a personas y cosas familiares, comienza la segunda muerte, que significa una fusión y desintegración en los orígenes del universo cuya esencia misma yace en el ciclo infinito de la muerte y la regeneración [23].

La voz misteriosa que arrastra el alma de la protagonista traspasa todo límite del conocimiento sensible: ese «alguien» y ese «algo» indefinidos personifican toda una zona mágica de la novela que nos va abriendo espacios pertenecientes a una suprarrealidad ilimitada y desconocida.

A medida que el alma de la amortajada avanza en su viaje, los espacios gradualmente se van alejando de la superficie de la tierra para alcanzar un centro subterráneo y primordial. Así, en la primera instancia del viaje, su espíritu baja por «un jardín húmedo y sombrío» (p. 45), luego, «percibe el murmullo de aguas escondidas y oye deshojarse helados rosales» (p. 46) para, finalmente, rozar «callejuelas de césped», «azotada por el ala mojada de invisibles pájaros» (p. 46). El espacio posee la humedad fértil de lo primordial, pero está constituido por elementos fácilmente reconocibles en la superficie de la tierra, como si, en realidad, fuera un reflejo de ésta.

En el segundo fragmento del viaje, los aspectos primordiales del espacio se hacen más evidentes: la luz y la oscuridad, la vida y la muerte coexisten como en la etapa pre-formal del universo. El espacio se describe de la siguiente manera:

---

[23] María Luisa Bombal define la muerte como: «Una primera muerte que significa comprender y una segunda muerte que representa lo que a los seres humanos nos está vedado comprender». (Entrevista con la autora, diciembre 1977.)

Y va. Alguien, algo la arrastra, la guía a través de una ciudad
abandonada y recubierta por una capa de polvo de ceniza, tal
como si sobre ella hubiese delicadamente soplado una brisa macabra.

Anda. Anochece. Anda.

Un prado. En el corazón mismo de aquella ciudad maldita,
un prado recién regado y fosforescente de insectos.

Da un paso. Y atraviesa el doble anillo de niebla que lo circunda. Y entra en las luciérnagas, hasta los hombros, como en
un flotante polvo de oro. (p. 57.)

La ciudad abandonada sugiere la desintegración de un lugar creado y poblado por el hombre. Su desolación se subraya
con la presencia de un polvo de ceniza, elemento que conlleva
la connotación de destrucción y muerte. Al compararlo con una
brisa macabra se hace evidente el sentimiento de terror que
produce el abandono. Sin embargo, en medio de este ámbito
inmerso en la oscuridad espantosa y desintegrante de un «doble anillo de niebla», surge el prado húmedo con su verdor
de fertilidad y vida. Las luciérnagas envuelven a la amortajada
en un polvo luminoso que sugiere todo lo vital.

La tercera etapa del viaje se inicia en una carretera ardiente en la cual se arrastran remolinos de polvo. El alma
de la amortajada es guiada a «una región húmeda de bosques»
(p. 113) donde ve a su nuera María Griselda, símbolo de la
Naturaleza. Enseguida reinicia el descenso, esta vez al espacio
subterráneo en el cual la materia se disgrega para dar paso a
una nueva vida que se nutre de ella. El espacio se nos describe así:

Una corriente la empuja, la empuja canal abajo por un trópico
cuya vegetación va descolorándose a medida que la tierra se parte
en mil apretados islotes. Bajo el follaje pálido, transparente, nada
más que campos de begonias. ¡Oh, las begonias de pulpa acuosa!

La naturaleza entera aspira, se nutre aquí de agua, nada más que de agua. Y la corriente la empuja siempre lentamente, y junto con ella, enormes nudos de plantas a cuyas raíces viajan enlazadas las dulces culebras.

Y sobre todo este mundo por el que la muerte se desliza, parece haberse detenido, y cernirse, eterna, la lívida luz de un relámpago.

El cielo, sin embargo, está cargado de astros; estrella que ella mira, como respondiendo a un llamado, corre veloz y cae. (p. 115.)

El espacio ahora está totalmente inmerso en el agua, fuente primordial de la vida; la tierra se fragmenta en apretados islotes y la vegetación ha adquirido una transparencia que le hace perder corporeidad. Las culebras enlazadas a las raíces de las plantas gigantes conllevan el significado de los orígenes de la vida, de la muerte y la resurrección [24]. Por otra parte, la luz detenida del relámpago no sólo contrasta con el movimiento de las estrellas sino que también expresa la detención de lo indetenible. La conjunción del cielo y el espacio subterráneo representa la unidad cósmica en su espacio superior e inferior.

Por último, en la etapa culminante del viaje, el alma de la amortajada comienza su descenso final hacia el espacio milenario de la tierra donde yacen antiguos mares y bosques petrificados. En las tinieblas de los orígenes, la ambivalencia entre la vida y la muerte se hace aún más evidente. El descenso se describe de la siguiente manera:

---

[24] Tradicionalmente, la serpiente representa uno de los poderes protectores de la vida y de la inmortalidad, por su muda de piel, también se la asocia con los símbolos de la resurrección. (Cirlot, op. cit., pp. 419-422.)

Y alguien, algo atrajo a la amortajada hacia el suelo otoñal. Y así fue como empezó a descender, fango abajo, por entre las raíces encrespadas de los árboles. Por entre las madrigueras donde pequeños y tímidos animales respiran acurrucados. Cayendo, a ratos, en blandos pozos de helada baba del diablo.

Descendía lenta, lenta, esquivando flores de hueso y extraños seres, de cuerpo viscoso, que miraban por dos estrechas hendiduras tocadas de rocío. Topando esqueletos humanos, maravillosamente blancos e intactos, cuyas rodillas se encogían, como otrora en el vientre de la madre.

Hizo pie en el lecho de un antiguo mar y reposó allí largamente, entre pepitas de oro y caracolas milenarias.

Vertientes subterráneas la arrastraron luego en carrera bajo inmensas bóvedas de bosques petrificados. (p. 141.)

La etapa final del descenso marca el arribo al espacio primordial de las tinieblas donde el agua y la tierra se fusionan como en la etapa pre-formal anterior a la creación. De la misma manera, se da la fusión entre la vida y la muerte: los huesos de los muertos forman hermosas flores que sugieren lo vital, los cuerpos viscosos e informes de extraños seres están coronados por dos hendiduras desde las cuales mana una luz que semeja el rocío, gota de agua que da vida, y los esqueletos humanos de una maravillosa belleza en su blancura intacta, yacen en una posición que recuerda la etapa intra-uterina, comienzo y origen de la vida indicando que si bien la vida está ligada a la muerte, ésta es también un manantial de la vida.

Por lo tanto, la muerte no se concibe en la obra como una extinción final, por el contrario, ella es una nueva modalidad de la vida la cual, por su constante transformación, mantiene, *ad infinitum,* el ciclo vital que sostiene el universo inmortalmente perdurable. Las dimensiones arquetípicas de esta visión de la muerte son evidentes: la reafirmación del ritmo cósmico fundamentado en el ciclo «Creación-Destrucción-Creación» viene a reiterar el mito del eterno retorno mantenido en una diversidad de grupos culturales en distintas épocas y regiones geográficas [25]. La oración metafórica: «Porque todo duerme en la tierra y despierta de la tierra» (p. 142) resume simbólicamente la desintegración que es, esencialmente, una transformación originadora de una nueva modalidad de la vida.

El viaje de inmersión culmina en una fusión cósmica que liga a la amortajada al universo en constante transformación:

... nacidas de su cuerpo, sentía una infinidad de raíces hundirse y esparcirse en la tierra como una pujante telaraña por la que subía temblando, hasta ella, la constante palpitación del universo.

Y ya no deseaba sino quedarse crucificada a la tierra, sufriendo y gozando en su carne el ir y venir de lejanas, muy lejanas mareas; sintiendo crecer la hierba, emerger islas nuevas y abrirse en otro continente la flor ignorada que no vive sino en un día de eclipse. Y sintiendo aún bullir y estallar soles, y derrumbarse, quién sabe dónde, montañas gigantes de arena. (pp. 142-143.)

Las imágenes «una infinidad de raíces», «pujante telaraña» y el verbo figurativo «crucificada» subrayan la permanencia eterna sustentada por lazos indisolubles que unen a la amortajada a los movimientos cósmicos del agua y de la tierra, elementos primordiales asociados con el principio femenino. Como elemento integral del ciclo de muerte y regeneración, ella entrará a «la segunda muerte: la muerte de los muertos»

---

[25] Para una descripción detallada de los diferentes ritos y creencias que expresan el mito del eterno retorno en una variedad de grupos culturales, se puede consultar el libro de Mircea Eliade ya citado o el interesante estudio de Joseph L. Henderson y Maud Oakes titulado: *The Wisdom of the Serpent: The Myths of Death, Rebirth, and Resurrection* (Nueva York: George Braziller, 1963).

(p. 143), la inmersión absoluta tras la cual su carne y su espíritu se diluirán para asumir la forma de una nueva vida. La esencia de lo femenino, concebida por María Luisa Bombal como una prolongación de los elementos primordiales del cosmos, logra reincorporarse, después de la muerte, a una armonía quebrantada en vida por el orden burgués que le impuso espacios cerrados y rígidas regulaciones de carácter ético-sexual. Si en *La última niebla,* la mujer estaba condenada a la inmovilidad de la niebla, elemento simbolizador de la nada inmutable, en *La amortajada,* la muerte de la protagonista implica un retorno a las raíces de lo femenino. Sin embargo, la restitución de la armonía Mujer-Naturaleza no debe tomarse como un mensaje positivo de la obra con respecto a la situación de la mujer. Si la única forma de recuperar la esencia natural y cósmica se encuentra en la muerte, implícitamente se ha anulado toda posibilidad de una salida en el contexto individualizado de la sociedad en un momento histórico específico.

V

«EL ARBOL»: LIBERACION Y MARGINALIDAD

Si bien en «El árbol» (1939) se reitera el conflicto básico presentado en *La última niebla* y *La amortajada,* vale decir, la inadecuación entre la esencia de la heroína y las convenciones del mundo social en el cual se desenvuelve su existencia, en este cuento, la resolución de dicho conflicto posee las dimensiones de una liberación que va contra las normas establecidas. Por consiguiente, la trayectoria de Brígida sigue un desarrollo diferente aunque, como se demostrará más adelante, el acto de liberación no denota un cambio radical en la visión de María Luisa Bombal con respecto a la problemática de la mujer burguesa en la sociedad latinoamericana de la primera mitad del siglo xx.

Al investigar el elemento básico de la heroína, se destaca de manera notable una modalidad intrínseca de su ser que se expresa tanto al nivel de la conducta como en el modo de aprehender la realidad. Las acciones de Brígida son esencialmente impulsivas y su relación con el mundo exterior arranca de las sensaciones y emociones que éste provoca en ella. La cualidad puramente intuitiva de su conocimiento origina, en consecuencia, una «suprarrealidad» en la cual priman los sentimientos, las sensaciones y la imaginación. Como ha observado la crítica, el conflicto surge precisamente de esta modalidad que contradice las normas y sistema de valores propuestos por una sociedad pragmática en la cual la realidad ha sido categorizada de acuerdo a estrictos esquemas racionales y lógicos que tienen como fundamento un modo intelectual de conocer y aproximarse a la realidad [1]. Esta característica esencial de la heroína corrobora una representación del ser femenino ya usual en la narrativa de María Luisa Bombal: el predominio de las esferas eminentemente subjetivas del amor, la intuición y las sensaciones en las protagonistas de *La última niebla, La amortajada* y «El árbol» las ubica en una posición marginal en una sociedad en la cual priman valores y procedimientos basados en el intelecto y la razón.

En «El árbol», ya a partir de la anécdota del cuento, se hace evidente la esencia intuitiva y emocional de Brígida. Después de varios años en que ha estado separada de su esposo, la protagonista se encuentra en un concierto cuya música le hace recordar episodios de su vida pasada. Haciendo caso omiso de los aspectos técnicos y formales de un arte eminentemente

---

[1] Andrew P. Debicki lo define como el conflicto entre los impulsos naturales de Brígida y el mundo prosaico y utilitario. («Structure, Imagery, and Experience in María Luisa Bombal's 'The Tree'», *Studies in Short Fiction,* vol. VIII (invierno 1971), pp. 123-129). Cedomil Goić comenta: «En nuestro caso lo aislado en el bien elaborado proceso de la narración es la sensibilidad femenina, en puridad, sin contaminamientos intelectuales ni utilitarios, contrapuesta al carácter pragmático-utilitario de Luis y a la vulgaridad de la vida y la fealdad del mundo ordinario». («'El árbol', de María Luisa Bombal», *Castellano: Segundo año de enseñanza media,* Santiago, Chile: Editorial Universitaria, 1970, p. 53). Por otra parte, Hernán Vidal destaca en su análisis cómo la naturaleza instintiva, sensual e imaginativa de Brígida la relega a una situación marginal en una sociedad que asigna a sus miembros categorías fijas. (*María Luisa Bombal: La feminidad enajenada,* Barcelona: Hijos de José Bosch, S. A., 1976, pp. 103-115).

matemático y exacto, ella se entrega a una evocación sensorial y afectiva motivada por el ritmo y sonoridad de las notas musicales. Esta dimensión subjetiva se manifiesta en la siguiente meditación: « ¡Qué agradable es ser ignorante! ¡No saber exactamente quién fue Mozart, desconocer sus orígenes, sus influencias, las particularidades de su técnica! Dejarse solamente llevar por él de la mano, como ahora» (p. 109) [2]. Para Brígida, la complejidad de una composición musical se reduce, entonces, a las extensiones afectivas producidas únicamente por el temple de ánimo predominante: alegría pueril en el caso de Mozart, angustia y sufrimiento en Beethoven, ansiedad de amor en Chopin. [3].

Las evocaciones de Brígida alcanzan un nivel más significativo que el del simple recuerdo por medio del cual se recaptura el pasado. La perspectiva lograda por el paso de los años le permite comprender de manera más completa aquellos actos que, de acuerdo a su naturaleza impulsiva, estuvieron desprovistos de toda meditación [4]. El cuento en su estructura de personaje posee un núcleo que viene a subrayar nuevamente los rasgos esenciales en la caracterización del personaje [5]. El pro-

---

[2] En este análisis se utilizará el texto de «El árbol» incluido en *La última niebla* (Buenos Aires: Editorial Andina, 1973), pp. 107-128.

[3] María Luisa Bombal ha dicho: «Mozart siempre me inspiró el juego, la alegría despreocupada de la niñez, Chopin es la pasión, el sentimiento, Beethoven es el horror final, el sufrimiento, ese drama que yo no puedo definir». (Entrevista con la autora, octubre 1977.)

[4] Cedomil Goić comenta al respecto: «Es más, como modo de experiencia particular, la audición se convierte para Brígida en un instrumento revelador que le permite ahondar en el origen profundo de actitudes y decisiones que hasta este momento han permanecido ajenas a su comprensión». Op. cit., p. 50.

[5] Entendemos por núcleo de un cuento aquel acontecimiento concreto o sicológico desde el cual mana la narración regida por las leyes

ceso de comprensión de aquello que se mantuvo como un conjunto de acciones y aptitudes espontáneas hacen del presente en el concierto un momento clave en la existencia de la heroína. A medida que los diferentes trozos musicales van originando una vivencia recapituladora del pasado, Brígida gradualmente comprende por qué se casó con Luis y cuáles fueron las razones que la guiaron a separarse de él.

La síntesis e intensidad propias del género cuentístico nos permiten conocer la trayectoria de la protagonista a través de un corte vertical que se bifurca simultáneamente hacia el presente y el pasado. La ligazón de ambos planos temporales se logra por medio de una disposición formal en la cual el presente funciona como marco que ilumina la existencia pasada. De esta manera, se produce una estrecha interrelación entre los acontecimientos concretos del concierto —juego de luces, música, pausas, aplausos— y aquellos incidentes enmarcados que constituyen las experiencias evocadas. Mientras se avanza hacia el punto culminante que corresponde metafóricamente a la iluminación, el pasado va invadiendo el ámbito del presente para anularlo en su concreticidad. Las preguntas retóricas de la narradora vienen así a subrayar la vivencia subjetiva del tiempo que aniquila toda objetividad. Nos dice: «Un oleaje bulle, bulle lejano, murmura como un mar de hojas. ¿Es Beethoven? No. Es el árbol pegado a la ventana del cuarto de vestir» (p. 114). Al final del cuento, comenta: «Un estruendo feroz, luego una llamarada blanca que la echa hacia atrás toda

---

internas de la brevedad, la intensidad y la tensión. El núcleo constituye, por lo tanto, aquel suceso significativo en una totalidad implícita que se presenta a través de un corte vertical. Para más detalles teóricos sobre el cuento se puede consultar, por ejemplo, el ensayo de Julio Durán-Cerda titulado «Sobre el concepto de cuento moderno» (*Explicación de Textos Literarios,* vol. V, núm. 2 (1976), pp. 119-132.

temblorosa. ¿Es el entreacto? No. Es el gomero, ella lo sabe» (p. 125) para luego agregar: «Encandilada se ha llevado las manos a los ojos. Cuando recobra la vista se incorpora y mira a su alrededor. ¿Qué mira? ¿La sala bruscamente iluminada, la gente que se dispersa? No. Ha quedado aprisionada en las redes de su pasado, no puede salir del cuarto de vestir» (p. 126). El retorno a la sala de concierto sólo ocurrirá una vez que la protagonista comprenda de manera más completa el significado de sus acciones en el pasado. Simultáneamente, este proceso de anagnórisis junto con iluminar lo ya vivido representa, de manera implícita, un reconocimiento de la identidad del ser en el presente.

MOZART: INOCENCIA Y MARGINALIDAD SOCIAL

El poder sugestivo de la música y su estrecha relación con el contenido de la narración enmarcada hace preciso inquirir en su significado intrínseco y sus dimensiones simbólicas. Las composiciones de Mozart, el niño prodigio que conquistó las cortes europeas del siglo XVIII, se caracterizan por una cualidad alegre y juguetona expresada por el ritmo y la melodía. Bajo la influencia del estilo galante italiano —en boga durante los siglos XVII y XVIII— Mozart, en su primera etapa, compone una música de carácter hedonista en la cual prima el placer auditivo sobre la emoción. Las características relevantes de su arte son entonces, la vitalidad, el goce natural, la fantasía y la inocencia pueril y casi angelical que nos internan en «el país de la infancia». A medida que el compositor entra irremediablemente en la adultez, va abandonando los juegos superficiales del estilo galante para comenzar a infundir en sus creaciones un intenso sentimiento de nostalgia por la felicidad despreocupada de la niñez y la adolescencia [6]. Sin embargo, su música conservará, por la inflexión particular de la línea melódica, esta primera orientación hedonista que hará de su arte una mezcla peculiar de placer sensual y emoción nostálgica.

El marco musical en la primera sección de «El árbol» prefigura, en sus dimensiones simbólicas, la nostalgia por el paraíso perdido de la inocencia y vitalidad en las etapas de la niñez y la adolescencia. La declinación de la luz y el advenimiento de la oscuridad en la sala de conciertos dan paso a aquellos recuerdos que se han mantenido en las esferas del inconsciente. La música de Mozart transporta a Brígida al «jardín de sus años juveniles» (p. 109) a través de un puente suspendido sobre el agua. Es obvio que la imagen del puente señala en su significado tradicional a aquel elemento que liga dos mundos separados: lo sensible y lo suprasensible, el presente y el pasado, lo concreto y lo invisible [7].

La entrada al mundo evocado de la juventud se describe de la siguiente manera: «Y Mozart la lleva, en efecto. La lleva por un puente suspendido sobre un agua cristalina que corre en un lecho de arena rosada. Ella está vestida de blanco, con un quitasol de encaje, complicado y fino como una telaraña, abierto sobre el hombro» (p. 109). El etéreo traje blanco su-

---

[6] Se ha explicado este cambio como un resultado de las experiencias personales del compositor. «Choques afectivos sufridos en el momento en que se evade de la presión paterna y de la infancia engendran en él una especie de insatisfacción fundamental del presente, una especie de nostalgia que poco a poco gobernará su universo interior y le llevará naturalmente a librar su expresionismo latente sin renunciar, no obstante, al hedonismo». (*Enciclopedia Salvat de la música,* Barcelona: Salvat Editores, S. A., 1967, tomo III, p. 418.)

[7] Juan-Eduardo Cirlot. *Diccionario de símbolos tradicionales* (Barcelona: Editorial Labor, S. A.), p. 387.

giere la pureza espiritual, la intuición no maculada aún por esquemas o convenciones racionales. Por una parte, el color rosado de la arena es un símbolo de la sensualidad, la emoción y el goce juvenil [8]. El agua, motivo recurrente que irá adoptando diferentes modalidades de acuerdo al contenido de cada sección, es aquí agua cristalina que fluye libremente en un impulso de fantasía y naturalidad. Los altos surtidores por los cuales el agua asciende y desciende melodiosamente en la fuente son de un valor simbólico: sus aguas representan la fuerza vital de todo lo creado, el placer juvenil y el deseo de retornar a la etapa feliz de la infancia [9].

La imagen de la escalera vuelve a reiterar el movimiento ascendente y descendente sugerido por el ritmo de la música de Mozart. Como ligazón que media entre los mundos inicialmente separados del presente y el pasado se describe así: « ¡Mozart! Ahora le brinda una escalera de mármol azul por donde ella baja entre una doble fila de lirios de hielo. Y ahora le abre una verja de barrotes con puntas doradas para que ella pueda echarse al cuello de Luis, el amigo íntimo de su padre» (p. 110). La doble fila de lirios conlleva el significado de pureza, espiritualidad y alegría, características esenciales en esta etapa de íntima unión con la Naturaleza en la vida de Brígida [10]: el color dorado de los barrotes de la verja sugiere la fuerza solar en toda su vitalidad y luminosidad. La variedad cromática, la melodía del agua y el predominio de la luz contrastarán posteriormente con el vestido negro de la protagonista bajo la luz artificial de la sala de conciertos [11].

[8] Ad. de Vries. *Dictionary of Symbols and Imagery* (Amsterdam: North Holland Publishing Co., 1974), p. 367.

[9] Juan-Eduardo Cirlot. Op. cit., pp. 221-222.

[10] Ad. de Vries. Op. cit., pp. 298-299.

[11] Andrew P. Debicki comenta al respecto: «El vestido blanco y

El contacto con la Naturaleza que prodiga un pletórico goce sensual y la inocencia que implica la incontaminación de la rigidez de un orden social representan, según la visión del mundo ofrecida en la obra, un tipo de existencia en el cual la esencia femenina alcanza una verdadera plenitud.

Sin embargo, dada la inadecuación fundamental entre el ser femenino y los valores de la sociedad, dicha plenitud, inocencia y felicidad son sólo posibles en la etapa marginal de la adolescencia —época en la cual aún no ha sido imperativo amoldarse a normas y convenciones que irán mutilando los impulsos naturales.

Este desajuste y la consecuente marginalidad se hacen evidentes al examinar la relación de Brígida con el mundo circundante de lo social. Su atracción afectiva y sensual por la música será regulada al exigírsele que realice la actividad intelectual de aprender las complejas llaves musicales. Su inhabilidad para conceptualizar lo que para ella es pura emoción y sensibilidad provoca el comentario del padre de que es una criatura retardada. A diferencia de sus hermanas quienes reciben más atención y, por lo tanto, van gradualmente siendo entrenadas para «participar en la vida y en el mundo», Brígida, por ser la hermana menor, permanece rezagada en una realidad en la cual priman la fantasía y la imaginación. Se dice: «Brígida era la menor de seis niñas todas diferentes de carácter. Cuando el padre llegaba por fin a su sexta hija, llegaba tan perplejo y agotado por las cinco primeras que prefería simplificarse el día declarándola retardada. «No voy a luchar más, es inútil. Déjenla. Si no quiere estudiar, que no estudie. Si

_____

el agua de la fuente en esta sección sugieren una naturalidad juvenil que contrasta con el espacio cerrado y la luz artificial de la sala de conciertos en la cual Brígida, vestida de negro, aplaude en forma mecánica». Op. cit., p. 124 (la traducción es mía).

le gusta pasarse en la cocina oyendo cuentos de ánimas, allá ella. Si le gustan las muñecas a los dieciséis años, que juegue». Y Brígida había conservado sus muñecas y permanecido totalmente ignorante» (p. 108).

La incapacidad de Brígida para aproximarse a la realidad a partir del intelecto y la razón y su inhabilidad para ajustarse al pragmatismo de su sociedad, hacen de ella un lastre, un ser inútil e inservible. En el mundo de la alta burguesía donde la mujer debe dominar los símbolos sociales de su clase, Brígida resulta ser un fracaso, una joven que todos catalogan como «tonta» (p. 110) [12]. De aquí proviene una ironía que subraya el conflicto entre dos sistemas de valores: pragmatismo utilitario versus sensibilidad imaginativa, intelecto que categoriza versus sensualidad que participa de lo natural y suprarreal. El tercer elemento inherente a la ironía proviene de la división del mundo expuesta en la obra y que determina la modalidad cognoscitiva de la heroína como valor positivo e intrínseco a la esencia femenina.

Mientras sus hermanas, año tras año, se van casando, acto que significa cumplir exitosamente con el rol primario asig-

---

[12] En su estudio sociológico sobre la clase alta chilena, Emilio Willems afirma: «Nuestros informantes manifestaron que la mujer es el centro de gravitación de la casa; es ella quien frecuentemente recibe parientes y amigos, educa a los hijos y supervigila la administración del hogar. En torno a la casa se desarrolla un intrincado complejo de relaciones sociales, a través de las cuales se transmiten los padrones de comportamiento considerados característicos de la clase alta. No se concibe que, sin haber pasado por una serie de iniciaciones, una mujer pueda adquirir la pericia social necesaria para desempeñar con éxito las funciones que simbolizan el status social y las tradiciones de familia». («La clase alta chilena», *Estructura social de Chile,* editado por Hernán Godoy, Santiago, Chile: Editorial Universitaria, 1971, pp. 452-453.)

nado a la mujer por la sociedad, Brígida permanece en la marginalidad de su soltería. Es importante señalar que su matrimonio con Luis surge como un acto impulsivo e inconsciente que reafirma su modo de ser en el mundo. La entrada en la institución del matrimonio no representa una abdicación o rechazo de sus valores, por el contrario, casarse con Luis, como comprende la heroína en su evocación posterior, significaba para ella conservar su autenticidad, seguir siendo lo que intrínsecamente era. En el concierto Brígida reflexiona: «Por eso se había casado con él. Porque al lado de aquel hombre solemne y taciturno no se sentía culpable de ser tal cual era: tonta, juguetona y perezosa. Sí, ahora que han pasado tantos años comprende que no se había casado con Luis por amor...» (p. 111).

Si para la sociedad, su matrimonio indica que ella se ha asimilado «al orden de las familias», tras las apariencias de una adecuación a los valores establecidos, se esconde el acto impulsivo de proteger su propia identidad. Este es, sin duda, un comentario que alude a la situación de la época, para Brígida, la única forma posible de conservar su modo intuitivo de ser es incorporándose a la institución conyugal que servirá, frente a los otros, como una máscara de conformismo social. Ingenuamente, la heroína cree que podrá continuar siendo lo que es, sin darse cuenta que el matrimonio y las normas para la mujer casada la recluirán en el espacio cerrado de la casa aislándola así de la Naturaleza, ámbito en el cual se nutría su temperamento instintivo, sensual e imaginativo.

BEETHOVEN: FRUSTRACIÓN Y ANIQUILACIÓN DE LA ESENCIA
FEMENINA.

La entrada en la institución del matrimonio posee como
marco una de las sonatas de Ludwig van Beethoven. Se produce, en consecuencia, un cambio abrupto en el temple de
ánimo que contrasta, de manera significativa, con la policro-
mía, sensualidad natural y felicidad juvenil de la primera sección. El ritmo ascendente y descendente que subrayaba una
existencia luminosa e inocente ahora asume la forma de un
oleaje que gradualmente se intensifica para expresar, con intensidad dramática, la emoción del sufrimiento. Las sonatas de
Beethoven comunican el dolor y soledad de una vida amorosa
atormentada, son la expresión emocional de un temperamento
apasionado que no logró jamás el amor correspondido. La
música de Beethoven es, por lo tanto, un símbolo de la incomunicación y la pasión no satisfecha.

La evocación de la vida matrimonial se inicia así: «Y ahora
Beethoven empieza a remover el oleaje tibio de sus notas bajo
una luna de primavera. ¡Qué lejos se ha retirado el mar! Brígida se interna playa adentro hacia el mar contraído allá lejos,
refulgente y manso, pero entonces el mar se levanta, crece
tranquilo, viene a su encuentro, la envuelve, y con suaves olas
la va empujando, empujando por la espalda hasta hacerle re-
costar la mejilla sobre el cuerpo de un hombre. Y se aleja, de-
jándola olvidada sobre el pecho de Luis» (pp. 111-112). El
primer aspecto que llama la atención en esta escena es el carácter elusivo de las aguas del mar que se alejan mientras Brígida
corre a su encuentro. Hernán Vidal comenta al respecto: «Su
clarividencia aumenta con la parte siguiente del concierto,

Beethoven, asociada con la pasión expectante, simbolizada por el mar. Es revelador que el mar evada a Brígida, negándole la sensualidad de su «oleaje tibio». La arrastra, pero no al placer, sino para «dejarla olvidada» sobre el pecho de Luis» [13]. Toda la vida matrimonial de Brígida estará teñida por la búsqueda infructuosa del amor y la pasión; en consecuencia, las connotaciones simbólicas del mar como materia primordial y como espacio relacionado con la fertilidad, la sensualidad y el deseo sexual ponen en evidencia el tronchamiento de lo instintivo y esencialmente femenino en la protagonista [14].

De manera similar a *La última niebla* y *La amortajada,* el matrimonio se concibe en este cuento como una fuerza aniquilante del ser femenino y su lugar en el mundo. Al parecer, Luis se ha casado con Brígida por razones totalmente ajenas al verdadero amor. El hecho de que él la llame «collar de pájaros» sugiere una mistificación desprovista de un conocimiento más profundo de su joven esposa. Así como en la casa paterna no se tomaban en cuenta sus «rarezas», ahora Brígida nuevamente es ignorada y sus inquietudes por lo general son acalladas con la indiferencia o la caricia ausente. La dependencia económica y emocional en el matrimonio viene simplemente a repetir su situación anterior. Como prototipo de la mujer burguesa de la época, la protagonista pasa de la tutela paterna a la tutela del marido sin lograr la categoría de individuo [15].

---

[13] Hernán Vidal, op. cit., p. 111.

[14] Ad. de Vries, op. cit., p. 406.

[15] Mercedes Valdivieso ha destacado esta relación diciendo: «Su esposo es tan distante e inaccesible como era su padre y la tolera de la misma manera como el padre soportó su nacimiento, sus fantasías y su sexo. Ni el padre ni el esposo han pensado jamás en Brígida como un individuo que ha alcanzado la madurez». («Social Denunciation in «El árbol», *Latin American Literary Review* 9 [1976], p. 72.) La traducción es mía.

Es más, la entrada en el matrimonio implica convivir con un ser en el cual predomina el racionalismo y un pragmatismo utilitario que lo motiva a ocupar cada minuto de su vida en sus negocios y asuntos legales. Por lo tanto, el conflicto básico entre dos sistemas de valores se acentúa y la heroína queda aprisionada en la soledad, la incomunicación y la frustración amorosa. La insatisfacción de los anhelos íntimos de la protagonista se hacen explícitos en el siguiente pasaje: «Inconscientemente él se apartaba de ella para dormir, y ella inconscientemente, durante la noche entera, perseguía el hombre de su marido, buscaba su aliento, como una planta encerrada y sedienta que alarga sus ramas en busca de un clima propicio» (p. 113). La imagen de la planta encerrada y sedienta no sólo subraya la dependencia afectiva de la protagonista, sino también el tronchamiento de una vida natural que ha sido relegada a un espacio cerrado y árido.

Ante la tragedia del desamor, la heroína encuentra una salida en la evasión y en el aislamiento. Huye de su realidad concreta para recluirse en el cuarto de vestir, típico aposento de la casa burguesa cuya arquitectura parece estar diseñada para la soledad y el ocio de la mujer [16]. Es allí donde descubre la presencia vivificante del árbol descrito de la siguiente manera:

---

[16] Es importante notar que en la Edad Media prácticamente no existía la vida privada en el hogar, razón por la cual todas las actividades se centraban en un salón principal, incluso eran poco frecuentes los aposentos individuales. Con el ascenso de la burguesía, se modifica la arquitectura de la casa para añadir pequeñas piezas como el *closet* o el *boudoir* en los cuales la mujer se resguarda en la vida privada para leer o escribir cartas.

Le bastaba entrar para que sintiese circular en ella una sensación bienhechora. ¡Qué calor había siempre en el dormitorio por las mañanas! ¡Y qué luz cruda! Aquí, en cambio, en el cuarto de vestir, hasta la vista descansaba, se refrescaba. Las cretonas desvaídas, el árbol que desenvolvía sombras como de agua agitada y fría por las paredes, los espejos que doblaban el follaje y se ahuecaban en un bosque infinito y verde. ¡Qué agradable era ese cuarto! Parecía un mundo sumido en un acuario. ¡Cómo parloteaba ese inmenso gomero! Todos los pájaros del barrio venían a refugiarse en él. Era el único árbol de aquella estrecha calle en pendiente que desde un costado de la ciudad se despeñaba directamente al río (p. 114).

En el espacio cerrado de la casa, la figura del árbol trae ese contacto con la Naturaleza que Brígida ha perdido. La sombra que él deposita en el cuarto de vestir no sólo la aleja de la realidad, sino que también propicia un sustituto de lo natural y libre: las sombras de su follaje semejan un agua fría que invade las paredes del cuarto y cuyo reflejo parece «un bosque infinito». La sublimación de los impulsos inherentes a lo femenino se realiza entonces en un simulacro de lo natural, subrayado por los espejos y la imagen del acuario que connota agua detenida y cercamiento de lo natural y libre en un espacio cerrado. Sin duda, esta forma asumida por el motivo del agua contrasta de manera notable con el agua cristalina y fluída de la fuente en la etapa de la adolescencia.

El árbol es tal vez uno de los elementos simbólicos más importantes en todas las culturas, de allí la variedad de significados que conlleva: en primer lugar, representa el *axis mundi* en su crecimiento, profileración, generación y regeneración que se traduce ontológicamente como una «realidad absoluta», por su imagen vertical constituye, además, un eje entre el mundo subterráneo, el terrestre y el celestial, asimismo, se asocia con la vida, el conocimiento y la muerte (árbol de la vida, árbol de la ciencia y crucifixión). Por otra parte, según Carl G. Jung, el árbol también representa el crecimiento físico, la maduración psicológica y la conjunción cósmica de lo femenino (proliferación) y lo masculino (símbolo fálico). La riqueza simbólica del árbol requiere entonces delimitar sus connotaciones específicas de acuerdo a la visión del mundo ofrecida en la obra.

En la narrativa de María Luisa Bombal, la evasión de la situación angustiosa en el matrimonio generalmente se da como una aproximación sublimatoria en el ámbito vital de la Naturaleza. Dicho acercamiento no sólo se debe a la carencia de recursos concretos para modificar un conflicto social, también responde al impulso instintivo de retornar a los orígenes mismos de la esencia femenina. María Luisa Bombal concibe a la mujer como una prolongación de la Naturaleza, como una extensión de los elementos cósmicos. Es precisamente en este sentido que se debe comprender gran parte del simbolismo del árbol. Erich Neumann en su completo estudio sobre el arquetipo de lo femenino destaca que el árbol en su vegetación, crecimiento y proliferación es asociado con la fertilidad de la mujer: el arquetipo de la Madre al igual que el arquetipo del Arbol del Mundo protege, alimenta y sostiene el ciclo de la vida [17]. En el cuento, el árbol vendría a constituir entonces un símbolo de la esencia femenina mutilada por un matrimonio en el cual no existe el amor, la pasión o el deseo de procrear. Es interesante notar cómo el árbol y su cambio de follaje implícitamente alude a un ciclo vital en el cual Brígida no participa por no tener hijos; en un pasaje del cuento se dice: «Y vino

[17] Erich Neumann. *The Great Mother: An Analysis of the Archetype* (Princeton: Princeton University Press. 1963). Ver especialmente las secciones sobre los misterios de la transformación (pp. 55-63) y la diosa de las plantas (pp. 240-267).

el otoño. Las hojas secas revoloteaban un instante antes de rodar sobre el césped del estrecho jardín, sobre la acera de la calle en pendiente. Las hojas se desprendían y caían... La cima del gomero permanecía verde, pero por debajo el árbol enrojecía, se ensombrecía como el forro gastado de una suntuosa capa de baile. Y el cuarto parecía ahora sumido en una copa de oro triste» (pp. 124-125).

Debido a la conjunción cósmica representada por el árbol, éste también funciona en el cuento como una imagen simbólica del padre protector. Mercedes Valdivieso ha señalado la presencia de la trinidad Padre-Esposo-Arbol como figuras alternadas que se complementan; cada una de ellas, según esta crítica, le ofrece a Brígida una sombra protectora que la salva de los peligros del mundo exterior manteniéndola dentro de los límites de la casa y la familia [18]. En este sentido, la transferencia sublimatoria en el árbol reemplaza a un esposo indiferente de la misma manera como éste reemplazó al padre.

Si el matrimonio parecía en un principio la vía por medio de la cual la heroína saldría de la marginalidad social, lo que ocurre en efecto es una intensificación de este estado: Luis se avergüenza de salir con ella, no tiene amigas y por su status de mujer casada de la clase alta ni siquiera le está permitido salir sola. Por consiguiente, el matrimonio ha conducido a Brígida a una doble alienación que se traduce en su aislamiento tanto del mundo como del ámbito natural. En su existencia solitaria, el árbol será entonces el único lazo que la una al espacio abierto y vital de la Naturaleza. En este contexto, su reacción después del incidente con Luis resulta altamente significativa. Se dice:

---

[18] Mercedes Valdivieso, op. cit., pp. 71-73.

Fue entonces cuando alguien golpeó con los nudillos en los cristales de la ventana.

Había corrido, no supo cómo ni con qué insólita valentía, hacia la ventana. La había abierto. Era el árbol, el gomero que un gran soplo de viento agitaba, el que golpeaba con sus ramas los vidrios, el que la requería desde fuera como para que lo viera retorcerse hecho una impetuosa llamarada negra bajo el cielo encendido de aquella noche de verano.

Un pesado aguacero no tardaría en rebotar contra sus frías hojas. ¡Qué delicia! Durante toda la noche, ella podría oír la lluvia azotar, escurrirse por las hojas del gomero como por canales de mil goteras fantasiosas. Durante toda la noche oiría crujir y gemir el viejo tronco del gomero contándole de la intemperie, mientras ella se acurrucaría, voluntariamente friolenta, entre las sábanas del amplio lecho, muy cerca de Luis» (pp. 119-120).

En contraste con el silencio y la situación estancada de las relaciones matrimoniales, el árbol descrito con la imagen de «una impetuosa llamarada negra», se destaca como un elemento dinámico y vital incorporado al movimiento regenerador de la Naturaleza simbolizado por la lluvia fertilizante. A través de él, Brígida, relegada a la pasividad y a la dependencia, puede mantener un contacto con la Naturaleza al escuchar el ruido de la lluvia y el gemir del tronco del gomero bajo la intemperie. Para la existencia solitaria de la heroína, el árbol se ha transformado en un elemento personificado, en el único ser con quien logra comunicarse.

CHOPIN: HACIA LA BÚSQUEDA DEL AMOR

La sección final del cuento está enmarcada por los *Estudios* de Frederick Chopin, composiciones que infunden un nuevo ritmo y una emoción diferente. En Chopin, es frecuente el empleo de la forma binaria y la técnica del arabesco que originan un ritmo repetitivo con variaciones [19], esta secuencia rítmica se refleja en la prosa narrativa a través de la repetición y el uso de frases breves; el caer de la lluvia no sólo imita la música de Chopin descrita como «puñados de perlas que llueven a chorros sobre un techo de plata» (p. 120), sino que también crea una atmósfera de tristeza, de ansiedad afectiva no satisfecha. Como exponentes del movimiento romántico, los Estudios de Chopin son, en esencia, una exaltación del sentimiento y la emoción, cada pieza musical se organiza alrededor del clímax expresivo logrado por la abundancia de figuraciones, por el ritmo y la intensidad. El marco de la música de Chopin resulta ser entonces un símbolo del sentimiento amoroso, única vía por la cual el ser humano adquiere un verdadero sentido para su existencia.

Protegida por el árbol que sustituye el jardín perdido de su adolescencia, Brígida entra en una etapa de resignación y aceptación pasiva [20]. El comentario de Luis: «En todo caso, no creo que nos convenga separarnos, Brígida. Hay que pensarlo mucho» (p. 121), descubre para ella la fuerza omnipotente de las convenciones sociales que condenan la ruptura de los lazos conyugales. Por otra parte, su absoluta dependencia emocional y económica le impide atreverse a enfrentar un mundo pragmático cuyos procedimientos desconoce. Su única salida estará en aceptar la mediocridad de una existencia rutinaria despojada de toda pasión. Se dice:

---

[19] *Enciclopedia Salvat de la música,* op. cit., p. 576.

[20] Andrew P. Debicki ha dicho: «Dentro de una perspectiva total en la vida de Brígida, el árbol funciona como elemento paralelo al jardín de la primera sección, es un ambiente natural y un refugio, aunque de cualidades más intensas y oscuras». Op. cit., p. 126. La traducción es mía.

En ella los impulsos se abatieron tan bruscamente como se habían precipitado. ¡A qué exaltarse inútilmente! Luis la quería con ternura y medida; si alguna vez llegaba a odiarla la odiaría con justicia y prudencia. Y eso era la vida. Se acercó a la ventana, apoyó la frente contra el vidrio glacial. Allí estaba el gomero recibiendo serenamente la lluvia que lo golpeaba, tranquila y regular. El cuarto se inmovilizaba en la penumbra, ordenado y silencioso. Todo parecía detenerse, eterno y muy noble. Eso era la vida. Y había cierta grandeza en aceptarla así, mediocre, como algo definitivo, irremediable. Y del fondo de las cosas parecía brotar y subir una melodía de palabras graves y lentas que ella se quedó escuchando: «Siempre». «Nunca»... Y así pasan las horas, los días y los años. ¡Siempre! ¡Nunca! ¡La vida, la vida! (pp. 121-122).

En el espacio cerrado del cuarto ordenado y silencioso, la heroína acepta pasivamente la rutina invariable de su vida con la misma serenidad con que el árbol recibe la lluvia regular y monótona. Acerca de este cambio en el personaje Arthur Natella comenta: «Como la solitaria de *La última niebla,* su relación con el mundo circundante se vuelve progresivamente intimista: deja de tratar de conspirar contra la frialdad de su marido explayándose en un mundo de intimidad silenciosa y mística, frente al árbol simbólico que queda cerca de su ventana. He aquí una pasividad frente a la desolación que es una clave de los resortes psicológicos de estas mujeres angustiadas...» [21].

En esta evasión del conflicto concreto creado por su matrimonio con Luis, el árbol se transforma en un sustituto de todo lo vital, significativamente su follaje semeja el agua movediza y el fuego, elementos primordiales que simbolizan la

---

[21] Arthur Natella. «El mundo literario de María Luisa Bombal», *Cinco aproximaciones a la narrativa hispanoamericana* (Madrid: Editorial Playor, 1977), p. 143.

fertilidad y la pasión. Es más, en el cuento se hacen constan-
tes alusiones al calor asfixiante de la casa y a la sombra bienhechora y refrescante del árbol, señalando implícitamente la
pasión insatisfecha de la protagonista y su sublimación en la
presencia reconfortante del árbol. Así, al referirse a aquellas
noches en las cuales Brígida huye a su cuarto de vestir, se dice: «Su fiebre decaía a medida que sus pies desnudos se iban
helando poco a poco sobre la estera. No sabía por qué le era
tan fácil sufrir en aquel cuarto» (p. 124).

Aislada en el silencio y la existencia cercada por los espacios cerrados de la casa, Brígida sobrevive escuchando el árbol
frente a su ventana que hace llegar hasta ella los sonidos de
una Naturaleza en constante transformación: «El cuarto se
llenaba instantáneamente de discretos ruidos y discretas pre-
sencias, de pisadas misteriosas, de aleteos, de sutiles chasquidos vegetales, del dulce gemido de un grillo escondido bajo
la corteza del gomero sumido en las estrellas de una calurosa
noche estival» (p. 124).

El árbol se transforma así en el único eje de su vida, de
la misma manera como la evocación del amante real o imaginario constituye el único sentido para la existencia de la protagonista en *La última niebla*. Es importante notar que hasta
la vivencia del tiempo gira alrededor del gomero bajo los efectos del sol, la lluvia y el viento, se dice: «El verano deshojaba
su ardiente calendario. Caían hojas luminosas y enceguecedoras
como espadas de oro, y páginas de una humedad malsana como el aliento de los pantanos; caían páginas de furiosa y breve tormenta, y páginas de viento caluroso, del viento que trae
el «clavel del aire» y lo cuelga del inmenso gomero» (pp. 122-
123). En este pasaje se alude al paso del tiempo utilizando
la metáfora del verano que deshoja su ardiente calendario; dicha metáfora se extiende con la imagen de las páginas que caen

como hojas y van marcando los cambios atmosféricos de la
época estival: los días asoleados son «páginas luminosas y ence-
guedoras como espadas de oro», los días húmedos semejan el
aliento de los pantanos mientras otras páginas marcan los días
de tormenta o de viento caluroso. Esta experiencia del tiempo
es altamente reveladora puesto que señala un estado de absoluta enajenación con respecto al tiempo histórico; la heroína
ha llegado a tal grado de evasión que ha perdido en forma total
la conciencia de todo conflicto inserto en su contexto social.
Por otra parte, su compenetración con el ámbito natural representado por el árbol es un mero simulacro que se realiza
a través de la ventana y los espejos de su cuarto de vestir, dos
motivos que conllevan el significado de sustitutos que sólo dejan vislumbrar a la distancia lo que el cosmos natural realmente es. Brígida no es parte de una fusión vital con el paisaje
exterior, por el contrario, es simplemente una espectadora
que lo contempla desde el espacio cerrado de la casa.

Según la visión de María Luisa Bombal, estas experiencias
sublimatorias, sin embargo, no representan una respuesta auténtica para la situación problemática de la mujer. Del mismo
modo como en *La última niebla* y *La amortajada,* la armonía
aparente tuvo que llegar a una crisis, a un quiebre total, aquí
en «El árbol», la decisión de una junta de vecinos irrumpe en
el mundo creado por Brígida. Esta decisión, basada en lo puramente utilitario («Las raíces levantaban las baldosas de la acera») vuelven a poner de manifiesto el conflicto básico entre la
realidad concreta dominada por el pragmatismo de la sociedad
y la suprarrealidad de la heroína. El árbol es derribado y junto
con su caída desaparece aquel follaje que se repetía en los espejos del cuarto de vestir ocultando la verdadera realidad del
mundo exterior. La sombra protectora que propiciaba la evasión enajenante es ahora reemplazada por «una luz blanca,

aterradora» (p. 126). La realidad creada por Brígida ha desaparecido de manera irrevocable: «Era como si hubieran arrancado el techo de cuajo; una luz cruda entraba por todos lados, se le metía por los poros, la quemaba de frío. Y todo lo vería a la luz de esa fría luz...» (p. 126). Y es bajo esta luz que la heroína debe enfrentar la vejez de su marido y los elementos del espacio urbano, producto del dominio de la Naturaleza por un afán de lucro: la vegetación ha sido reemplazada por calles estrechas, rascacielos, vidrieras llenas de frascos, automóviles y estaciones de servicio. En los espejos del cuarto ahora se reflejan balcones de metal, ropa colgada y jaulas con canarios, jaulas que mantienen lo natural y libre aprisionado entre cuatro paredes, de la misma manera como Brígida ha permanecido encerrada por un orden social que relega a la mujer a los límites físicos de la casa [22].

Se produce así el verdadero enfrentamiento de la heroína con su propia existencia:

> Le habían quitado su intimidad, su secreto; se encontraba desnuda en medio de la calle, desnuda junto a un marido viejo que le volvía la espalda para dormir, que no le había dado hijos. No comprende cómo hasta entonces no había deseado tener hijos, cómo había llegado a conformarse a la idea de que iba a vivir sin hijos toda su vida. No comprende cómo pudo soportar durante un año esa risa de Luis, esa risa demasiado jovial, esa risa de hombre que se ha adiestrado en la risa porque es necesario reír en determinadas ocasiones (p. 127).

Su resignación ante una vida despojada de pasión y vitalidad junto a un esposo en quien hasta la risa se ha convertido en un gesto mecánico y pragmático, se descubre, entonces,

---

[22] Mercedes Valdivieso destaca las dimensiones simbólicas de este elemento en su artículo ya citado (p. 74).

cómo una actitud falsa que no responde a los verdaderos anhelos de la protagonista. Intuitivamente, Brígida se da cuenta que la aceptación pasiva de las convenciones sociales la ha conducido a una existencia inauténtica en la cual se finge ante los otros una felicidad conyugal inexistente mientras su esencia vital y afectiva se sublima en la soledad y el aislamiento. La muerte del árbol conduce a la heroína a la verdadera vida, a la búsqueda de la única experiencia en la cual la mujer de la época podía reafirmar su existencia: el amor. En una sociedad donde prima la razón, la experiencia amorosa es, según la visión de la obra, el solo baluarte en el cual aún perduran el instinto, la emoción y el sentimiento; es únicamente a través del amor que se realiza la esencia de lo femenino, sustentador del ciclo regenerador de la Naturaleza. Su elección de abandonar una vida hecha de «mentiras» implica afrontar un mundo que censura duramente a la mujer separada, este enfrentamiento viene a intensificar su situación marginal dentro de la sociedad.

El contrapunto entre el presente y el pasado ha llegado a su fin: el público del concierto se aleja de la sala iluminada y Brígida abandona su evocación después de haber comprendido las razones que la impulsaron a abandonar a Luis. Sólo ahora que ha logrado vislumbrar el significado de su acción, ella podría responder a la pregunta de Luis: lo abandona porque han derribado el árbol.

Si bien la comprensión de una etapa señera en la vida de la heroína es en sí positiva puesto que implica una introspección que da mayor sentido a sus actos [23], es importante señalar

---

[23] Hernán Vidal comenta en su análisis: «Cuando el árbol cae, Brígida sufre un dolor similar al del gomero al observar por primera vez la realidad objetiva en que viviera con Luis, espacio de decadencia, vulgaridad y engaño. Pero también desemboca a una vida más amplia,

que tanto el acto de liberación como su comprensión posterior no significan asumir una posición con respecto al verdadero dilema de la mujer y su problemática social. Su acto de liberación, comparado con la niebla en su inmovilidad definitiva o la disolución en «la muerte de los muertos», constituye sólo una primera reafirmación de la existencia femenina en una sociedad en la cual no existía el divorcio legal; es, en realidad, el acto intuitivo que refleja una insatisfacción con respecto a la pasividad y la dependencia de la mujer, mas no señala una toma de conciencia social. El aseverar que el abandono se debe a que han derribado el árbol significa ignorar los orígenes mismos del conflicto: dentro de los complejos factores socio-económicos que fijaron el matrimonio como única meta de la mujer y la relegaron a una existencia subordinada, el hecho fortuito de la desaparición del gomero parece una especie de apéndice histórico. La heroína ha logrado descubrir la falsedad de su mundo, pero no ha asumido una actitud consciente con respecto al lugar que la sociedad le ha negado a la mujer.

Por lo tanto, la liberación en este cuento no señala un cambio significativo en la cosmovisión de María Luisa Bombal. Así como en *La última niebla* se representaban las fuerzas mutilantes de la existencia femenina a través del elemento poético y abstracto de la niebla, aquí se señalan con la desaparición de otro elemento simbólico, el árbol. La transferencia metafórica que reemplaza fuerzas concretas e históricas sólo se puede comprender en el complejo contexto de la ideología. María Luisa Bombal comparte la ideología dominante en el estrato social al cual pertenece: en esta superestructura de ningún

---

en que la comprensión de los motivos del abandono de Luis equivalen a la superación del ensimismamiento en la misma forma en que la luz del auditorio la arranca de la entrega mental a sus procesos psíquicos inconscientes». Op. cit., p. 115.

modo se propiciaban acciones que modificaran radicalmente las bases económicas sobre las cuales se organizó la burguesía. Por lo tanto, en la visión de la autora, la existencia enajenada de sus heroínas en la institución del matrimonio se debe a las fuerzas abstractas del destino y no a una estructura económica determinada. Sin embargo, como todo verdadero artista, María Luisa Bombal trasciende la ideología de su clase social para mostrar las imperfecciones del sistema.

SEGUNDA PARTE

IMAGEN ARQUETIPICA DE LA MUJER

AGUA Y TIERRA: HACIA UNA DEFINICION DEL ARQUETIPO FEMENINO

En las obras analizadas anteriormente, se destacaba la presencia de una heroína cuya situación problemática residía en la inadecuación entre la esencia del Ser femenino y los valores de una sociedad patriarcal que regulaba los impulsos instintivos de la mujer. Como resultado, en estas narraciones se daba un énfasis significativo a las dos fuerzas oponentes del conflicto: por una parte, la esencia de la protagonista se concebía como una extensión de la Naturaleza y el cosmos, en contraposición, la sociedad se destacaba como un ámbito en el cual predominaban los esquemas racionales y pragmáticos que regían todo lo natural. La aparición de «Islas nuevas» en 1939 marca un cambio significativo en la narrativa de María Luisa Bombal; en este cuento y las obras sucesivas («Trenzas» de 1940 y «La historia de María Griselda» de 1946), la autora da mayor realce a la elaboración de la esencia femenina omitiendo la especificidad del contexto social latinoamericano. En consecuencia, la institución del matrimonio y su rígido código moral dejan de ser el núcleo concreto desde el cual mana el conflicto y el motivo de la búsqueda del amor ya no es un elemento estructurante. Por otra parte, el microcosmos social se amplía para representar, de manera más abstracta, un mundo moderno en el cual se ha perdido el contacto con lo misterioso y primordial, con aquellas fuerzas naturales que la mujer porta y prolonga.

El énfasis en la esencia de lo femenino se logra a través de una elaboración mítica de la heroína. Este tipo de elaboración hace imprescindible examinar, a manera de introducción, la teoría de Carl G. Jung con respecto al inconsciente colectivo y sus contenidos para posteriormente destacar las características distintivas del Arquetipo Femenino y sus variaciones de acuerdo a la situación histórica y genérica en la cual se produce.

El hombre, según la teoría de Jung, está inserto en dos realidades contrastantes: aquélla de la conciencia colectiva que responde a los conceptos racionales y nominalistas de una sociedad que valora y da validez sólo a aquéllo que se comprende a través de la conexión causa-efecto y la del inconsciente colectivo en el cual se manifiesta lo instintivo, irracional e innato que es común a todos los hombres. El concepto de inconsciente colectivo parte, por lo tanto, de la hipótesis *a priori* de que la estructura individual de la psique es una estructura innata, preconsciente e inconsciente que, como la anatomía física del cuerpo, posee rasgos heredados. En su obra *Arquetipos e inconsciente colectivo,* Carl G. Jung hace la siguiente afirmación:

> A mi parecer, es un gran error admitir que el alma del recién nacido es una *tabula rasa* y afirmar en consecuencia que en ella no hay absolutamente nada. Puesto que el niño llega al mundo con un cerebro predeterminado por la herencia y diferenciado, y por lo tanto también individualizado, no se enfrenta a los estímulos de los sentidos con *cualquier* disposición, sino con una disposición *específica,* que ya condiciona una selección y configuración peculiar (individual) de la apercepción. Se puede compro-

bar que estas disposiciones son instintos y preformaciones heredadas. Estas preformaciones son las condiciones *a priori* y formales, basadas en los instintos, de la apercepción [1].

Al definir el inconsciente colectivo, Jung subraya la permanencia de rasgos primitivos latentes cuya manifestación puede ser verificada en los sueños y los estados producidos por drogas narcóticas o perturbaciones mentales. Dicha permanencia latente y no modificable por la conciencia colectiva que sólo la reprime lleva a Jung a aseverar: «(el inconsciente colectivo) es idéntico a sí mismo en todos los hombres y constituye así un fenómeno anímico de naturaleza suprapersonal existente en todo hombre» [2]. Sin embargo, la universalidad de los contenidos y modos de comportamiento pertenecientes al inconsciente colectivo es, según Jung y sus discípulos, una generalización de sólo la esencia del fenómeno puesto que éste experimenta modificaciones en su manifestación de acuerdo a la raza, la etapa histórica y la situación del individuo.

Dentro del inconsciente colectivo, Carl G. Jung distingue dos categorías fenomenológicas: la instintiva de los impulsos naturales y la arquetípica de ideas generales preconscientes. Esta última se expresa en imágenes primordiales que, al ser elaboradas, asumen la forma de símbolos, metáforas y mitos. Por lo tanto, se hace una distinción entre el arquetipo (contenido inconsciente) y las «representaciones arquetípicas» que constituyen imágenes conciencializadas. Las extensas investigaciones de la escuela de Jung han conducido al establecimiento de un conjunto de arquetipos comunes a todas las culturas; entre ellos, cabría mencionar los arquetipos de la resurrección,

---

[1] Carl G. Jung. *Arquetipos e inconsciente colectivo* (Buenos Aires: Editorial Paidós, 1977), p. 62.
[2] *Ibid.*, p. 10.

del anciano sabio, del ánima, del engañador y del héroe. Este
último, por ejemplo, ha sido estudiado ampliamente en diversas mitologías, aunque su elaboración posee características singulares de acuerdo a la época y el grupo cultural en el cual
se produce, es importante señalar que su trayectoria, en esencia, sigue etapas muy similares.

Según los estudios de Erich Neumann, el Arquetipo Femenino ha asumido en los grupos culturales tres formas importantes: la Madre-Tierra, que posee los atributos benéficos del
ámbito telúrico, la Madre-Terrible, que representa las fuerzas destructoras y malignas de la Naturaleza y la *Magna Mater,*
figura que, como la diosa egipcia Isis, porta simultáneamente
elementos positivos y negativos [3]. Esta última representación
arquetípica encierra en sí lo que Neumann ha denominado «el
simbolismo primario de lo femenino» expresado por la imagen de la vasija. En todos los grupos culturales, el cuerpo de
la mujer se ha concebido como un receptáculo en el cual se
gesta la vida, puesto que la matriz es, en esencia, un espacio
cerrado y cóncavo en el cual no sólo surge la vida, sino que
también se la protege y alimenta. Por esta razón, es usual
encontrar el importante artefacto cerámico de la vasija dise-
ñado como un cuerpo de mujer. Es más, la fertilidad propia
del sexo femenino se asocia con los elementos primordiales
del agua y la tierra, asociación que se acentúa al relacionar el
ciclo menstrual con la luna, astro que influye en los movimientos de la marea y el crecimiento de las aguas [4]. Sin embargo,

---

[3] Erich Neumann analiza en detalle estas tres formas asumidas por
el Arquetipo Femenino en sus libros titulados: *The Origins and Histo-
ry of Consciousness* (Nueva York: Bollingen Foundation Inc., 1954),
pp. 5-127 y *The Great Mother: An Analysis of the Archetype* (Princeton: Princeton University Press, 1963).

[4] Sobre este aspecto se puede consultar, por ejemplo, el estudio de

el agua y la tierra no solamente constituyen elementos benéficos y fértiles para el Hombre, ambos son también causa de
muerte y destrucción en la eterna dinámica de desintegración
y regeneración que sostiene la vida del cosmos. Por consiguiente, lo femenino arquetípico conlleva esta dimensión de muerte
reiterada por el uso de la vasija como urna en la cual se deposita a los muertos. La *Magna Mater* es, entonces, la diosa de
la vida y de la muerte, la divinidad que simbólicamente expresa los principios opuestos del cielo y la tierra, el día y
la noche.

Las características de esta figura arquetípica primordial se
bifurcan en dos vertientes que dan origen a la Madre-Tierra
y la Madre-Terrible [5]. Las representaciones arquetípicas que
portan los elementos positivos parten generalmente del hecho
biológico de la maternidad como factor determinante. La figura de la madre como ser que da vida se relaciona con la
tierra en la cual crece la vegetación que sostiene todo lo creado.
El acto de dar leche equivale a alimentar y saciar la sed, razón
por la cual se le compara con el fenómeno natural de la lluvia
y el artefacto de la vasija. Se produce así una ecuación fundamental: la mujer es similar a la tierra, a los arroyos y fuentes que surgen de sus entrañas y al cielo que nos otorga la
lluvia regeneradora y fértil. Como una extensión de estas aso-

---

Robert Briffault titulado *The Mothers* (Nueva York: Macmillan Company, 1927), tomo II, pp. 572-672 o la obra de Mircea Eliade *Patterns
in Comparative Religion* (Nueva York: The World Publishing Company, 1963), pp. 154-187.

[5] Para mayor información sobre la Madre-Tierra y la Madre-Terrible, se pueden consultar, aparte de los libros de Erich Neumann ya
citados, *Symbols of Transformation* de Carl G. Jung (Princeton: Princeton University Press, 1956, pp. 207-393) y *Woman's Mysteries, An-
cient and Modern* de Mary Esther Harding (Nueva York: Putnam,
1972).

ciaciones, el agua inferior, vale decir, el agua que mana de la
tierra, pertenece a la región de la matriz concebida como lo
inferior femenino mientras que la lluvia, agua proveniente del
cielo, se concibe como componente de la región pectoral, o sea
lo superior femenino. Entre las numerosas expresiones de esta
representación arquetípica no sólo se incluyen las figuras primitivas encontradas en lugares tan diversos como la Mesopotamia, el Congo Belga, Algeria y Perú, sino también en di-
vinidades tales como la Diana, Ceres y Venus. En la tradición
occidental, el arquetipo de la Madre-Tierra ha adquirido importantes connotaciones espirituales en las figuras de Sofía y la
Virgen María. Sofía, por ejemplo, aparte de representar la
conjunción cielo-tierra como sostén de la vida, se considera
la esencia suprema que trasciende la materia como una totalidad espiritual.

A diferencia de la Madre-Tierra, el simbolismo de la Madre-Terrible no surge de la relación primaria madre-hijo observada en las sociedades matriarcales, sino de imágenes interiores que idealizan y transforman el arquetipo desde una
perspectiva masculina que comienza a dominar junto con el
ascenso del patriarcado. La figura de la Madre-Terrible asume
la forma de monstruos espantosos que devoran a sus propios
hijos alimentándose de sus cadáveres. En ella todo es oscuridad
infernal, tinieblas mortales, voracidad y sed de sangre, es la
figura bestial que como el tigre y el ave de presa se solaza en
la sangre de los guerreros caídos. Generalmente se la asocia con
el Oeste, lugar geográfico donde cada día muere el sol para ser
devorado por las entrañas de la tierra. Por esta razón, en la
cultura egipcia, por ejemplo, se la representa como una figura
monstruosa que sosteniendo un enorme cuchillo resguarda la
entrada al ámbito subterráneo de los muertos; de la misma
manera, Am-mit cuyo cuerpo posee características de cocodrilo,

hipopótamo y león se encarga de devorar las almas de aquéllos que no logran pasar con éxito el juicio de media noche. En la India, la diosa Kali asume formas siniestras en las cuales se reitera de manera horrorosa la acción de devorar entrañas de cadáveres. Bajo este aspecto siniestro subyace, sin embargo, el concepto del cosmos como fuente de regeneración, razón por la cual el motivo de la serpiente que se enrolla alrededor del cuerpo de Kali, de la diosa azteca Coatlicue o las Gorgonas porta simultáneamente la connotación de vida y muerte [6].

Es de especial interés constatar que las variaciones representativas del Arquetipo Femenino están determinadas por la estructura y desarrollo de cada grupo cultural. Mircea Eliade ha señalado, por ejemplo, que en todas las culturas primitivas el concepto del tiempo se asocia con los movimientos cíclicos de la luna que a su vez se relacionan con las mareas, la lluvia, la fertilidad de la mujer y la procreación de animales y plantas. Los calendarios lunares expresan así una vivencia concreta y tangible del tiempo que posteriormente, en culturas más avanzadas, se racionaliza para ligarlo de manera más abstracta al ciclo solar [7]. Es más, según Erich Neumann, es el surgimiento del patriarcado el que trae consigo el triunfo del sol como elemento que simboliza la luz y el espíritu: tanto en la tradición Platónica-Apolínea como en la tradición Judeo-Cristiana, se valora el espíritu y la conciencia para desechar la oscuridad y la materia representadas por lo femenino. En otras palabras, el predominio de un sistema patriarcal implica la victoria de la conciencia sobre el inconsciente, la devaluación de la materia para favorecer las expresiones ideales del espíritu [8]. El *Homo*

---

[6] Sobre el complejo simbolismo de la serpiente, ver el libro de Mircea Eliade anteriormente citado, en especial, las páginas 167-170.

[7] Mircea Eliade. *Ibid.*, 154-185.

[8] Erich Neumann. Op. cit., pp. 49-52.

faber comienza a utilizar el pensamiento racional y la lógica para dominar el ámbito natural y la mujer se convierte en un símbolo de la materia y lo inconsciente, en un reflejo de los peligros ocultos para la conciencia y el espíritu.

A diferencia del mundo patriarcal, en las sociedades matriarcales todo se concibe como una unidad geocéntrica en la cual el sentido de la realidad tangible y visible es la fuente hasta de los fenómenos espirituales que se originan en la materia representada por la conjunción Mujer-Tierra. Por lo tanto, la mujer no se concibe como creada por el hombre o sacada de una de sus costillas, como es el caso de Adán y Eva, ella es, con su misterioso carácter creativo, la que origina al hombre y le da nacimiento [9].

Estas diferentes visiones de mundo en las cuales subyace una estructura económica, ha conducido a la escuela de Jung a considerar el sexo como factor determinante en la elaboración del Arquetipo Femenino. Jung mismo destaca este factor y sus implicaciones sicológicas al aseverar:

> Ante todo quisiera llamar la atención sobre la especial circunstancia de que la imagen de la madre se encuentra en distinto plano cuando el que la expresa es un hombre y no una mujer. Para la mujer la madre es el tipo de su vida consciente, de la vida propia de su sexo. Para el hombre, en cambio, la madre es el tipo de algo que se le enfrenta y que todavía debe ser vivenciado y que está colmado por el mundo de las imágenes de lo inconsciente latente. Ya en esto el complejo materno del hombre es fundamentalmente distinto del de la mujer. Y de acuerdo con tal peculiaridad, la madre es para el hombre —podríamos decir que de antemano— algo de manifiesto carácter simbólico; de allí proviene la tendencia masculina a idealizar a la madre. La idealización es un secreto apotropismo. Se idealiza cuando hay

---

[9] Erich Neumann. *Ibid.*, p. 62.

que conjurar un peligro. Lo temido es lo inconsciente y su influencia mágica.

Mientras que en el hombre la madre es simbólica *ipso facto*, en la mujer parecería que sólo llega a serlo en el curso de la evolución psicológica. En este punto la experiencia nos ha enseñado algo que llama la atención: el tipo uránico de imagen materna predomina en el hombre, mientras que en la mujer prevalece el tipo ctónico, la llamada *madre-tierra* [10].

Esta afirmación debería ser tomada en cuenta en el estudio de la literatura femenina hasta ahora no suficientemente investigada. La imagen de la mujer, como cualquier otro aspecto de la realidad, está sujeta a la perspectiva de quien la contempla, factor que adquiere una importancia aún mayor si consideramos que el Arquetipo Femenino se manifiesta de manera diferente, según corresponda a una visión masculina o femenina. La representación arquetípica de la mujer en la narrativa de María Luisa Bombal debe comprenderse dentro de este amplio contexto, los análisis que se realizarán posteriormente en nuestro estudio irán subrayando las características distintivas asumidas por la figura de la Madre-Tierra.

Para comprender las características primarias del Arquetipo Femenino elaborado por María Luisa Bombal, resulta altamente valioso detenernos en una, hasta ahora poco conocida, crónica poética de la autora titulada «Mar, cielo y tierra» que apareció en la revista *Saber vivir* en 1940. En ella se distingue, a primera vista, una concepción de la mujer como poseedora de los misterios ancestrales del agua y la tierra. La crónica comienza con la siguiente aserción: «Sé muchas cosas que nadie sabe. Conozco del mar y la tierra infinidad de

---

[10] Carl G. Jung. *Ibid.*, p. 98.

secretos pequeños y mágicos» [11]. Los verbos «conocer» y «saber» que se reiteran en cada párrafo siguiente poseen, sin embargo, una connotación intuitiva y mágica que los diferencia del tipo de conocimiento racional y científico predominante en el mundo moderno creado por el hombre. La hablante conoce lo no verificable, aquella suprarrealidad maravillosa que aún no ha logrado ser medida por instrumentos o fórmulas matemáticas. Por consiguiente, desde el comienzo, se alude simbólicamente a la mujer como figura arquetípica cuya unión con los elementos primordiales del agua y la tierra la convierte en un ser poseedor de misterios no accesibles a la conciencia racionalizadora.

La hablante comienza introduciéndonos al espacio subterráneo del mar, nos dice:

> Sé, por ejemplo, que aguas abajo, más abajo de la honda y densa zona de tinieblas, el océano vuelve a iluminarse y que una luz dorada e inmóvil brota de gigantescas esponjas refulgentes y amarillas como soles. Toda clase de plantas y de seres helados viven allí sumidos en esa luz de estío glacial, eterno; actinias verdes y rojas se aprietan en anchos prados vivos a los que se entrelazan las transparentes medusas que no rompieron todavía sus amarras para emprender por los mares un destino errabundo; duros corales blancos se enmarañan en matorrales extáticos por donde se escurren peces de terciopelo sombrío que se abren y se cierran blandamente, como flores; hay hipocampos cuyas crines de algas se esparcen en lenta aureola alrededor de ellos cuando galopan silenciosos, y si se levanta a ciertas caracolas grises, de forma anodina, se suele encontrar debajo a una sirenita llorando (p. 34).

El mar, como agente mediador entre lo no formal y lo formal, el aire y la tierra, se caracteriza en este pasaje con ele-

---

[11] María Luisa Bombal. «Mar, cielo y tierra», *Saber vivir*, núm. 1 (Buenos Aires, 1940), pp. 34-35.

mentos que aluden a la unión primigenia de principios opuestos: bajo las tinieblas surge la luz y en esa luz estática viven sumidos organismos y plantas en ˙constante movimiento en un ambiente en el cual se fusionan el frío y el calor. La cualidad preformal de este espacio se reitera no sólo por la presencia de medusas aún ligadas a la vegetación, sino también por lo escurridizo y blando de los elementos que lo habitan. La presencia de la sirena minúscula que llora bajo una concha añade al cosmos subterráneo y primordial un carácter de fantasía y magia reforzando simultáneamente la concepción arquetípica de la mujer como ser integrado al espacio acuático.

Tradicionalmente, el mar simboliza el principio de la vida y de la muerte, connotación que se reitera al describir enseguida un volcán submarino cuya lava plateada asciende hacia la superficie de las aguas. La erupción del volcán representa la fuerza primaria de la Naturaleza y del fuego en su calidad de elemento destructor y creador, es más, constituye aquel lugar en el cual el aire, el fuego, el agua y la tierra se relacionan y transforman [12].

A este ámbito subterráneo y primordial está ligada la mujer como una extensión indisoluble. La hablante dice: «Existe una ahogada muy blanca y enteramente desnuda que todos los pescadores de la costa tratan en vano de recoger en sus redes... pero tal vez no sea más que una gaviota extasiada que

---

[12] Juan-Eduardo Cirlot, al referirse al simbolismo del volcán, comenta: «No sólo es símbolo de la fuerza primaria de la naturaleza y del fuego vital (creador y destructor), sino «lugar» simbólico del «descenso» (involución) de los elementos, que en su pozo se relacionan y transforman (aire, fuego, agua, tierra). De ahí que sea posible una asimilación con Shiva, el dios de la creación y de la destrucción». (*Diccionario de símbolos tradicionales,* Barcelona: Editorial Labor, S. A., 1969, pp. 476-477.)

10

llevan y traen las corrientes del Pacífico. Conozco los escondidos caminos, las venas terrestres por donde el océano filtra las mareas, para subir hasta las pupilas de ciertas mujeres que nos miran de pronto con ojos profundamente verdes» (pp. 34-34). Como la sirena, Mujer-Pez, la unidad Mujer-Gaviota inmersa en las aguas del océano indica el carácter ancestral de lo femenino concebido como una prolongación evolutiva de las aves, rasgo que se elaborará ampliamente en el cuento «Islas nuevas»; por otra parte, el que las aguas del mar asciendan hasta las pupilas de la mujer destaca, de manera simbólica, la unión arquetípica de lo femenino y las aguas inferiores.

En la sección correspondiente a la tierra se destacan dos aspectos importantes: la penetración trascendental en la materia y la inclusión de lo maravilloso. Se nos introduce al espacio telúrico de la siguiente manera: «Sé de la tierra, que quien desprenda la corteza de ciertos árboles encontrará adheridos al tronco, durmiendo, mansas mariposas polvorientas que el primer rayo de luz traspasa y deshace como un implacable alfiler impío» (p. 35). El árbol, símbolo de todo lo vivo, esconde en su oscuro interior la desintegración que es en sí una forma más de vida. Esta penetración que pone de manifiesto lo oculto y esencial de toda la materia se acentúa posteriormente al describir un agujero estrecho sobre la superficie de una lejana selva a través del cual se percibe un polvo de oro que gira vertiginosamente en las profundidades de la tierra; de este modo se señala el constante movimiento subterráneo que late bajo una superficie telúrica aparentemente estática. El hecho de que la hablante nos descubra los secretos de la materia es altamente significativo puesto que el Arquetipo Femenino posee, como cualidad primaria, esta asociación con todo lo tangible y en permanente regeneración . La incursión posterior en los secretos del vino, símbolo de la fuente inagotable de la vida, liga nuevamente a la hablante al flujo de todo lo vital [13]. Ella nos dice que el vino no tiene su origen en la uva que crece bajo el sol, sino en las tinieblas de una vasija y bajo la influencia del principio femenino de la luna.

Como el limo primordial del océano, la tierra también está habitada por seres maravillosos que le dan un carácter sobrenatural. Bajo las hojas putrefactas del otoño se esconden sapos-príncipes que llevan una corona de oro sobre la cabeza, entre los matorrales vive «la gallina ciega», un ave siniestra que regresa todas las mañanas teñida de sangre y, en el desierto, sobrevive un pueblo sepultado del cual sólo se percibe la aguja de la torre de la iglesia cuyas campanas tañen sombríamente en noches de tormenta.

En la sección final sobre el cielo, se produce un cambio significativo en el temple de ánimo de la hablante causado esencialmente por su desconocimiento y temor hacia la realidad que nos describe. Comienza afirmando: «El cielo, en cambio, no tiene ni un solo secreto pequeño y tierno. Implacable, despliega entero por encima de nosotros su mapa aterrador» (p. 35). Si el mar y la tierra constituían espacios primordiales en cuyas profundidades lo femenino era una parte integral, el cielo y el sol se conciben simbólicamente como el dominio del principio masculino consciente y racionalizador. Ellos son, en efecto, elementos desconocidos y aterradores para la esencia intuitiva e inconsciente de la hablante que plasma el Arquetipo Femenino. Como ámbito dominado por la conciencia, el cielo está despojado de misterios ancestrales que han sido anulados por cálculos matemáticos, teorías científicas y

---

[13] Mircea Eliade destaca precisamente el simbolismo de la vid y el vino como representación de la vida sustentada por el ciclo natural de las plantas y de la mujer. (Op. cit., pp. 184-186.)

cartografías. La inseguridad de la hablante frente a este componente del cosmos expresa, por consiguiente, una desintegración del tipo de conocimiento reafirmado en las secciones previas, fenómeno que se hace evidente en el lenguaje: en vez de la reiteración de las formas verbales «sé», «conozco» y «recuerdo» observadas en aquéllos párrafos que se referían al mar y a la tierra, ahora utiliza expresiones tales como «me gustaría creer», «tal vez» o «apenas si me atrevo».

Es más, la alienación del principio masculino representado por el cielo está subrayado por el inútil intento de racionalizarlo a partir de una aproximación científica que no corresponde a la esencia femenina, según la cosmovisión de esta breve crónica. Lo mágico y primordial femenino se destruye por la intrusión de la ciencia en el mundo moderno y el lenguaje poético que correspondía a una intuición subjetiva es reemplazado por aserciones objetivas. La hablante nos introduce al ámbito celestial diciendo:

> Me gustaría creer que tengo mi estrella, la que veo despuntar primero y brillar un instante para mí sola una cada anochecer, y que en esa estrella mis pasos tienen un eco, y también mi risa y mi voz. Pero, ¡ay!, demasiado sé que no puede haber vida de ninguna especie allí donde los átomos cambian de carácter millones de veces por segundo y donde ninguna pareja de átomos puede permanecer unida.
> Hasta miedo me da nombrar al sol. ¡Es tan poderoso! Si nos interceptaran su radiación, el curso de los ríos se detendría inmediatamente (p. 35).

En este pasaje, se presenta el conflicto entre un anhelo secreto y el hecho constatado por la ciencia: la hablante querría poseer una estrella en la cual su ser se prolongara pero los descubrimientos científicos acerca del átomo y la dinámica de los astros destruyen toda posibilidad de un mundo imaginado.

El poder del sol, por otra parte, no reside en una vivencia primitiva que lo eleva a una categoría de deidad, sino en la aproximación científica que lo reduce a un fenómeno de radiación y sus efectos sobre la tierra.

La hablante se resiste a seguir describiendo este espacio que la aterra. En sus sueños nocturnos, asciende hasta las estrellas para ser envuelta por oleadas de fuego que la arrastran a un «precipicio abrasador» (p. 35) e incluso la luna que le parecía «un pálido disco pegado al firmamento» (p. 35) se convierte en una esfera ardiente, arrolladora y terrible. Termina diciéndonos: «No; prefiero imaginar un cielo diurno por donde deambulan castillos de nubes en cuyas flotantes estancias aletean las hojas secas de un otoño terrestre y los cometas de papel que perdieron, jugando, los hijos de los hombres» (p. 35). Esta conclusión implica, de parte de la hablante, un rechazo del mundo consciente y racionalizador para retornar al ámbito terrestre y refugiarse en las esferas de la imaginación que transforman las nubes en castillos y niegan la ley de gravedad para las hojas del otoño y los cometas de los niños.

No obstante esta reafirmación del conocimiento intuitivo y la fantasía, es importante señalar que el conflicto planteado perdura en forma latente. Dentro de la visión del mundo ofrecida en esta crónica poética, la mujer en el mundo moderno vacila entre lo primordial misterioso y lo racional objetivo, en otras palabras, se encuentra en la situación ambivalente de lo que esencialmente es y lo que la conciencia masculina ha fijado a partir de especulaciones científicas. Su concepción del cosmos como unidad plena de misterios ha sido maculada por el impulso del hombre moderno para descifrar y categorizar cada fenómeno natural. Por lo tanto, implícitamente se señala que la mujer —como portadora de lo primordial y sobrenatural— es un ser ajeno e incomprendido en el mundo moderno. Este será precisamente el conflicto subyacente en «Islas nuevas» y «La historia de María Griselda», relatos que nos presentan la tragedia de la Mujer-Tierra en una época en la cual se ha perdido la capacidad para valorar lo desconocido y ancestral.

DEGRADACION DEL ARQUETIPO FEMENINO EN «ISLAS NUEVAS»

Un aspecto que llama la atención en «Islas nuevas», publicada en 1939, es el uso de técnicas tradicionales en la presentación de la fábula. A diferencia de las obras anteriores en las cuales María Luisa Bombal utilizaba técnicas narrativas vanguardistas experimentando con el elemento temporal, la disposición de la historia y el punto de vista, en este cuento, el aspecto técnico y formal es bastante sencillo y nítido. Siguiendo la forma realista decimonónica, la autora organiza su narración de acuerdo a un riguroso orden cronológico y, a través de una narradora omnisciente, en tercera persona, nos presenta las experiencias de un forastero durante su estadía en una estancia de la pampa argentina.

A primera vista, la anécdota del cuento parece ser simple: Juan Manuel, un talentoso abogado de la ciudad de Buenos Aires, ha viajado de vacaciones a la pampa y se une a un grupo de cazadores para ir a explorar unas islas que acaban de surgir sobre las pantanosas aguas de las lagunas cercanas a un caserón en el cual permanece durante cuatro días. Sin embargo, bajo esta realidad, en apariencias sencilla, se esconde un mundo lleno de misterios que el personaje va conociendo gradualmente. En ese lugar, vive Yolanda, una extraña mujer que

produce en él una irresistible atracción: su cuerpo estrecho
y afilado sugiere cualidades no humanas, su garganta emite
a veces sonidos insólitos y el roce de su hombro evoca el contacto con el ala de un ave. En el descubrimiento gradual de
esta realidad misteriosa reside, en efecto, el núcleo del cuento
que se plasma a través del motivo del forastero [1]. Por lo tanto,
la presentación de lo extraño e insólito se realiza a partir de
la perspectiva de Juan Manuel —un ser ajeno a ese mundo—
que va develando sus misterios para el lector.

La figura de Yolanda resulta ser, entonces, una vertiente
desde la cual mana lo sobrenatural en un mundo ficticio que
aparentemente parece ser sólo un reflejo más o menos exacto
de la realidad concreta y verificable. El modo realista de narrar
utilizado en el cuento viene, por lo tanto, a subrayar el contraste entre dos realidades yuxtapuestas: por una parte, se
elabora una dimensión mimética del mundo concreto que reside en lo familiar y cotidiano, simultáneamente, se presentan
elementos extraños e inexplicables que pertenecen al ámbito
de lo sobrenatural.

La combinación de lo real y lo suprarreal produce una sensación de duda e incertidumbre con respecto a la visión de la
realidad propuesta por la narración. Es precisamente esta incertidumbre la que otorga al cuento una cualidad fantástica,
según la definición de Tzvetan Todorov [2]. En su valioso estu-

---

[1] Hernán Vidal, en su libro ya citado, ofrece una interpretación
muy diferente a la nuestra. Para él, todo el cuento es un sueño de
Yolanda que refleja el impulso inconsciente de la mujer hacia la unión
con el principio masculino. (María Luisa Bombal: *La feminidad enajenada,* Barcelona: Hijos de José Bosch, 1976, pp. 66-78). En nuestro
análisis hemos utilizado, como punto de partida, las propias declara-
ciones de la autora en una entrevista realizada en septiembre de 1977.

[2] Tzvetan Todorov. *Introduction à la Littérature Fantastique* (Paris: Editions du Seuil, 1970).

dio sobre la literatura fantástica, este crítico observa un fenómeno que resulta importante para la comprensión de «Islas nuevas». Ante la mezcla sorprendente de lo real y lo sobrenatural —señala Todorov— el personaje y el lector esperan eliminar la ambigüedad de la realidad presentada siguiendo dos posibles caminos: pensar que lo misterioso posteriormente tendrá una explicación lógica y racional que volverá a colocar los sucesos dentro del dominio de lo real o sospechar que lo insólito es parte integrante de una realidad regida por leyes que ellos desconocen [3]. En «Islas nuevas», este fenómeno es una constante que se inicia con uno de los primeros incidentes del cuento. Al llegar a la estancia, Juan Manuel conoce a Silvestre, un hombre de unos sesenta años, con quien comparte el cuarto de dormir. La primera noche en la casa, Silvestre, borracho y amargado, relata a Juan Manuel sus amores desgraciados con Yolanda. Según él, hace más de treinta años, ambos estuvieron de novios y ella, sin una razón aparente, un día le envió una carta en la cual se negaba a casarse con él. Desde ese momento, la vida de Silvestre ha sido un martirio pues la mujer sistemáticamente evita un encuentro a solas que le permita, por lo menos, averiguar las causas de su decisión. La confidencia de Silvestre crea una duda en Juan Manuel porque Yolanda le ha parecido una persona muy joven, apariencia que contradice el hecho de que haya sido novia de Silvestre tantos años atrás. Ante este incidente extraño, Juan Manuel y el lector experimentan aquella incertidumbre a la que alude Todorov como elemento esencial del género fantástico: la duda podría resolverse, ya sea constatando que Silvestre, en su embriaguez, ha inventado una historia que no corresponde a la realidad o descubriendo posteriormente que Yolanda es,

---

[3] *Ibid.*, p. 29.

en efecto, un ser humano que yendo contra todas las leyes previsibles, extrañamente no envejece.

A partir de este incidente, la incertidumbre creada por la inserción de lo sobrenatural en la realidad cotidiana se irá acentuando: ante la estupefacción de quienes la rodean, Yolanda se desmaya cuando Juan Manuel, inocentemente, comenta que su cuerpo se asemeja al de una gaviota; luego, al visitarla en su recámara, ella le cuenta que en sus sueños siempre se encuentra en un extraño lugar de plantas gigantes; finalmente, Juan Manuel, a través del vidrio de una ventana, ve a Yolanda desnuda, contemplando su hombro derecho en el cual, para el asombro del personaje, crece una pequeña ala atrofiada.

En la tradición literaria, la elaboración de lo fantástico responde a una cosmovisión particular que le infunde características singulares. Como ha señalado R. M. Albéres, entre otros investigadores que se han dedicado al tema, se puede trazar toda una trayectoria del género, según la época y la visión de la realidad que la obra fantástica expresa [4]. Así, hacia fines del siglo XVIII, la novela gótica elabora lo fantástico con el fin de producir una impresión de terror, lo sobrenatural en novelas tales como *El castillo de Otrante,* de Horace Walpole, se reduce a la aparición inesperada de fantasmas y extraños ruidos espantosos. En el siglo XIX, los misterios comienzan a explicarse racionalmente, como es el caso de los cuentos fantásticos de Edgar Allan Poe, o se le atribuye un sentido simbólico y moral, según se observa en *El manto de Lady Eleonore,* de Nathaniel Hawthorne o *Dr. Jekyll y Mr. Hide,* de Robert Louis

---

[4] R. M. Albéres. *Historia de la novela moderna* (México: Unión Tipográfica Editorial Hispano-Americana, 1966), consultar especialmente los capítulos titulados: «Maravilloso y fantástico: de la fantasía a la 'ficción científica'» y «De lo 'fantástico' imaginario a lo fantástico concreto. El 'nouveau roman'», (pp. 286-306).

Stevenson. Por otra parte, en los umbrales del siglo XX, comienza a predominar en lo fantástico una característica puramente intelectual que tiene sus orígenes en los descubrimientos de las ciencias físicas y matemáticas y cuyos precursores fueron Julio Verne y H. G. Wells. El universo se concibe, entonces, como una totalidad compleja y relativa que encierra en sí una serie infinita de esquemas posibles.

En el caso de «Islas nuevas», lo fantástico plasma una visión mítica de la mujer; como se demostrará en este análisis, Yolanda y sus atributos sobrenaturales conllevan y simbolizan un aspecto particular del Arquetipo Femenino.

La degradación del arquetipo de la Madre-Tierra

En la visión de la mujer observada en este cuento, se destaca una tensión fundamental entre la esencia arquetípica de lo femenino y sus posibilidades de realización en un mundo en el cual se rechaza lo misterioso y se anhela dominar todos los elementos de la Naturaleza. La enigmática figura de Yolanda posee todos los atributos arquetípicos de la Madre-Tierra que la ligan a los fenómenos naturales y fértiles, sin embargo, es precisamente esta dimensión la que anula la posibilidad de una unión con el principio masculino siendo condenada así a la soledad y la infertilidad.

En la caracterización de Yolanda se observa, en primer lugar, el predominio de rasgos físicos que sugieren una desviación de lo humano y una extraña semejanza con la fauna libre, salvaje y huidiza. El primer encuentro con Juan Manuel se describe de la siguiente manera: «Ante la indicación de Federico, la mujer que, envuelta en la penumbra, está sentada al piano, tiende al desconocido una mano que retira en seguida. Luego se levanta, crece, se desenrosca como una preciosa culebra. Es muy alta y extraordinariamente delgada. Juan Manuel la sigue con la mirada, mientras silenciosa y rápida enciende las primeras lámparas. Es igual que su nombre: pálida, aguda y un poco salvaje...» (p. 135)[5]. Ante los ojos de Juan Manuel, la silueta de Yolanda posee algo agresivo y huidizo que se prolonga en sus ojos oscuros e inquietos. Posteriormente, el personaje descubrirá que, en momentos de gran emoción, Yolanda emite breves gritos extraños y roncos que acentúan su insólita similitud con una gaviota.

El misterio de Yolanda radica precisamente en esta cualidad animalesca y salvaje que la liga a una Naturaleza indomable y primordial. Ella es, en realidad, una prolongación de los misterios del agua y la tierra, rasgo arquetípico que se subraya por la disposición formal del cuento organizado a partir de una alternación en contrapunto de los sucesos relacionados con Yolanda y la exploración de las islas nuevas [6]. En consecuencia, este contrapunto implícitamente simboliza la conjunción Mujer-Naturaleza poniendo de manifiesto el carácter indómito de ambas. Así, la primera vez que los hombres inician la empresa de explorar las cuatro islas que recién han surgido de las aguas, se enfrentan a una Naturaleza llena de peligros y misterios, como se hace explícito en la siguiente escena:

----

[5] Para este análisis se ha utilizado el texto incluido en *La última niebla* (Buenos Aires: Editorial Andina, 1973), pp. 131-172.

[6] María Luisa Bombal ha señalado esta correspondencia afirmando que fue el misterio de las islas que ella vió surgir y desaparecer en la pampa argentina el que la inspiró a escribir «la historia de esta mujer igualmente misteriosa e incomprendida». (Entrevista, septiembre 1977.)

Desembarcan orgullosos, la carabina al hombro; pero una atmósfera ponzoñosa los obliga a detenerse casi en seguida para enjugarse la frente. Pausa breve, y luego avanzan pisando, atónitos, hierbas viscosas y una tierra caliente y movediza. Avanzan tambaleándose entre espirales de gaviotas que suben y bajan graznando...

Y avanzan aún, aplastando, bajo las botas, frenéticos pescados de plata que el agua abandonó sobre el limo. Más allá tropiezan con una flora extraña: son matojos de coral sobre los que se precipitan ávidos. Largamente luchan por arrancarlos de cuajo, luchan hasta que sus manos sangran.

Las gaviotas los encierran en espirales cada vez más apretadas. Las nubes corren muy bajas desmadejando una hilera vertiginosa de sombras. Un vaho a cada instante más denso brota del suelo. Todo hierve, se agita, tiembla. Los cazadores tratan en vano de mirar, de respirar. Descorazonados y medrosos, huyen (pp. 143-144).

En este pasaje, se hace evidente la derrota del impulso dominador del hombre hacia la Naturaleza: el orgullo y la seguridad de los cazadores al desembarcar en las islas disminuye gradualmente a medida que se van enfrentando con un medio insólito que recuerda la etapa primigenia de la creación. La tierra caliente y movediza está cubierta por un limo primordial y por una flora que se desiste a la avidez utilitaria de los hombres. Y ante sus ojos atónitos, comienzan a ser cercados por las aves, las nubes, una atmósfera densa y la gestación ardiente de todo lo vivo. Las fuerzas primordiales de la Naturaleza terminan así derrotando a los cazadores quienes huyen temerosos.

En este espacio cubierto de fango, peces y algas, la tierra se une al agua dando origen a «(una) vida hecha de chasquidos de alas y de juncos, de arrullos y pequeños gritos, y de ese leve temblor de flores de limo que se despliegan sudorosas» (p. 150). El arquetipo de la Madre-Tierra se liga esencialmente a estos dos elementos primordiales por ser ella igualmente fértil y prolongadora del ciclo vital. Es más, como ha señalado Erich Neumann, con frecuencia se la asocia con el pantano y la laguna, espacios naturales donde el agua y la tierra se unen, como en la época preformal, para engendrar la vida[7]. Todo lo creado por estos dos elementos —insectos, aves, animales y plantas— constituyen una unidad cósmica en la cual se incorpora la mujer como elemento generador, por esta razón, en una variedad de culturas se la representa acompañada de plantas y animales.

En este sentido, resulta altamente significativo que Yolanda sea comparada con aquellas camelias que cultiva, pues esta metáfora subraya la relación arquetípica que asocia a la mujer con las flores[8]. Por otra parte, varias veces se alude en el cuento a la larga y frondosa cabellera de Yolanda que desprende un olor a madreselvas y parece atraerla a las regiones primigenias de la tierra como si ella fuera un elemento constitutivo de ese limo primordial donde se originó todo lo vivo. En sus sueños, Yolanda retorna a un lugar de altos helechos y un silencio preformal que la incorpora a las edades primeras de la tierra, ámbito en el cual la mujer y la Naturaleza estaban estrechamente ligadas, según la visión arquetípica del principio femenino. El motivo del ala que crece sobre el hombro derecho de Yolanda debe comprenderse, en consecuencia, como un atributo físico que simboliza de manera concreta la unión ancestral representada por el arquetipo de la Madre-Tierra[9].

---

[7] Erich Neumann. *The Great Mother: An Analysis of the Archetype* (Princeton: Princeton University Press, 1963), pp. 39-54.

[8] *Ibid.,* p. 262.

[9] En este sentido, diferimos radicalmente de la interpretación de Margaret V. Campbell, quien sostiene que el ala de Yolanda se debe

El surgimiento y desaparición de las islas nuevas —acontecimientos naturales que se van describiendo en contrapunto al descubrimiento de los misteriosos rasgos de Yolanda— señalan en forma implícita el movimiento cíclico de todo lo creado en su esencia regeneradora. Las islas nuevas han aflorado a la superficie como resultado de una energía cósmica que mantiene todo lo creado en constante transformación; esta dinámica no se suspende jamás y, por esta razón, las islas posteriormente desaparecen para volver a surgir en algún otro lugar. Sin embargo, no obstante Yolanda es parte integral del ciclo regenerador de la Naturaleza, está condenada a no participar en la creación de la vida puesto que su esencia natural y fértil ha sido tronchada por las circunstancias del mundo moderno en el cual le ha tocado vivir. Paradójicamente, el ala que crece sobre su hombro —aquel residuo concreto de la unión ancestral entre la Mujer y la Naturaleza— la priva de alcanzar la plenitud para su cualidad primaria de madre y creadora de vida. Temiendo que Silvestre descubra su secreto y no logre comprender el significado misterioso y trascendental de su ala, Yolanda debe renunciar a casarse con él. De igual manera, se ve forzada a rechazar los requerimientos amorosos de Juan Manuel, pese a que él es el principio masculino fertilizante simbolizado por el sol. En su primer encuentro a solas con Juan Manuel, se hace evidente el conflicto de Yolanda, la cercanía del cuerpo varonil produce en ella las siguientes sensaciones: «¡Oh! ; ¡sus dientes apretados y blancos! Deben ser fríos y duros como pedacitos de hielo. ¡Y esa oleada de calor varonil que se desprende de él, y la alcanza y la penetra de bienestar! ¡Tener que defenderse de aquel bienestar,

---

a un fenómeno de reencarnación. («The Vaporous World of María Luisa Bombal», *Hispania* XLIV, núm. 3, septiembre 1963, pp. 418-419.)

tener que salir del círculo que a la par que su sombra mueve
aquel hombre tan hermoso y tan fuerte!» (p. 146). Aunque
Yolanda anhela la unión con el principio masculino, el estigma
de aquella ala que crece misteriosamente en su hombro la
obliga a renunciar a toda posibilidad de verdadera plenitud.

Por lo tanto, el elemento mítico del ala sufre una modificación que es importante destacar. Tradicionalmente, las alas
y la consecuente capacidad de volar simbolizan la libertad y
la espiritualidad, es más, como ha demostrado Mircea Eliade
en sus estudios sobre las culturas primitivas, ambos connotan
la inteligencia, la comprensión de los secretos de la Naturaleza
y la adquisición de verdades metafísicas [10]. En «Islas nuevas»,
por el contrario, podemos constatar que el motivo del ala ha
perdido sus connotaciones positivas y trascendentales para representar un escollo en la realización de la esencia femenina
concebida según una visión arquetípica que ha perdido validez
en el mundo moderno. En una sociedad en la cual se ha tra-
tado de categorizar y analizar racionalmente los fenómenos
cósmicos, el ala es considerada una deformación, un elemento
extraño e inexplicable que el hombre rechaza. En consecuencia, los impulsos latentes de la esencia femenina son aniqui-
lados y la mujer es condenada a la esterilidad.

Se produce así una degradación del arquetipo de la Mujer-
Tierra: ésta ya no es la figura primordial cuyas funciones biológicas la asemejaban al agua y a la tierra, a la lluvia fertilizante y al fango procreador, ha dejado de ser aquella diosa a
la cual se invocaba para lograr la fertilidad de la vida vegetal
y animal, tampoco es más la figura espiritual que inspiraba

---

[10] Consultar especialmente las dos obras citadas a continuación:
El Chamanismo y las técnicas arcaicas del éxtasis (México: Fondo de
Cultura Económica, 1960) y *Myths, Dreams, and Mysteries* (Nueva
York: Harper, 1967).

la creación artística o la unión mística con todo lo superior. Por el contrario, la Madre-Tierra simbolizada por Yolanda es un ser pasivo, estéril y solitario. Dentro de la visión del mundo observada en «Islas nuevas», esta degradación se debe a la negación en el mundo moderno de lo misterioso y primordial, concepto que se plasma a través de la trayectoria de Juan Manuel.

El triunfo de la razón

Las secciones alternadas del cuento convergen hacia el proceso de descubrimiento por parte de Juan Manuel de las esferas primordiales y misteriosas de la Naturaleza. Yolanda y las islas nuevas producen una extraña atracción en el personaje y su acercamiento a ambas responde principalmente a un impulso instintivo e irracional que se aleja de su modo usual de acercarse a la realidad. Este aspecto se subraya desde el comienzo mismo del cuento: al aproximarse por primera vez a la casa de la estancia, llega hasta Juan Manuel el sonido armonioso de un piano que lo atrae de manera inusitada, éste se describe de la siguiente manera: «Las notas suben y caen, trepan y caen redondas y límpidas como burbujas de vidrio. Desde la casa achatada a lo lejos entre los altos cipreses, alguien parece tender hacia los cazadores, que vuelven, una estrecha escala de agua sonora» (p. 134) La música de Yolanda, como el canto de Circe o de las sirenas que Ulises encuentra en sus viajes, tiende hacia Juan Manuel un lazo que gradualmente lo va atando a la mujer.

A medida que esta atracción se intensifica, sus características van acentuando la dimensión mágica e irracional. Así, en el primer viaje a las islas, Juan Manuel es inesperadamente

11

azotado por el ala de una gaviota, ese mismo día, de regreso
a la casa, vuelve a escuchar la música de Yolanda. La escena
se describe de la siguiente manera: «... aquella nota repetida
y repetida bate contra el corazón de Juan Manuel y lo golpea
ahí donde lo había golpeado y herido por la mañana el ala del
pájaro salvaje. Sin saber por qué se levanta y echa a andar hacia esa nota que a lo lejos repiquetea sin cesar, como una
llamada» (p. 145). Juan Manuel, quien siempre ha sido un
hombre conceptualizador y pragmático no se detiene a recapacitar sobre lo que le está ocurriendo, intuitivamente siente
que la música de Yolanda es un llamado al cual debe acudir.
Por otra parte, resulta significativo observar que posteriormente, cuando Yolanda le roza el pecho con su hombro derecho, el personaje experimenta la misma sensación que tuvo
al ser golpeado en la isla por el ala de la gaviota. La relación
Mujer-Ave Salvaje-Música apunta así hacia las dimensiones
primordiales de estos tres elementos que, según la visión del
mundo ofrecida en la obra, representarían simbólicamente la
conjunción armónica de todo lo creado [11].

Estas asociaciones arquetípicas vuelven a reiterarse en una
situación que subraya un contraste ya recurrente en la narrativa de María Luisa Bombal. La tercera noche pasada en la
casa, Juan Manuel lee una carta de su madre en la cual su
hijo Billy ha incluido varias definiciones aprendidas en su libro de geografía, entre ellas la que corresponde a la palabra
«halo» definida como «cerco luminoso que rodea a veces a
la Luna» (p. 156). Esta aserción científica evoca en Juan Manuel la figura misteriosa de Yolanda, se dice: «Una ligera neblina se interpone de pronto entre Juan Manuel y la palabra

---

[11] Como comentábamos en nuestro análisis de *La última niebla,*
la música, según la cosmovisión de María Luisa Bombal, representa
todo lo vital y primordial.

anterior, una neblina azul que flota y lo envuelve blandamente. ¡Halo! —murmura—, ¡halo! Y algo así como una inmensa ternura empieza a infiltrarse en todo su ser con la seguridad, con la suavidad de un gas. ¡Yolanda! ¡Si pudiera verla, hablarle!» (p. 157). En la mente del personaje se produce un desplazamiento desde la definición científica y racional a la reacción inconsciente y ancestral que asocia a la luna con el principio femenino.

Guiado por su deseo de ver y acariciar a Yolanda, Juan Manuel hace caso omiso de las convenciones sociales y se dirige a su cuarto. El contacto con la mujer produce en él la sensación de haber descubierto un mundo natural y maravilloso que antes le estuvo vedado. Su vivencia se describe de la siguiente manera: «Atónito, Juan Manuel permanece inmóvil. ¡Oh, esa sien delicada, y el olor a madreselvas vivas que se desprende de aquella impetuosa mata de pelo que le acaricia los labios! Largo rato permanece inmóvil. Inmóvil, enternecido, maravillado, como si sobre su pecho se hubiera estrellado, al pasar, un inesperado y asustadizo tesoro» (página 160).

Esta vivencia de lo maravilloso e inexplicable también ocurre cuando las islas nuevas desaparecen misteriosamente sin dejar rastro. La escena se describe así: «(Juan Manuel) Explorador minucioso, se pierde a lo lejos y rema de izquierda a derecha, tratando de encontrar el lugar exacto donde tan sólo ayer asomaban cuatro islas nuevas. ¿Adónde estaba la primera? Aquí. No, allí. No, aquí, más bien. Se inclina sobre el agua para buscarla, convencido sin embargo de que su mirada no logrará jamás seguirla en su caída vertiginosa hacia abajo, seguirla hasta la profundidad oscura donde se halla confundida nuevamente con el fondo de fango y de algas» (p. 150). El reconocimiento de la incapacidad para comprender los misterios del cosmos marca un momento significativo en la trayectoria del personaje quien había llegado a las islas como orgulloso cazador y explorador en el afán viril de dominar y explotar la Naturaleza. De las islas no queda sino una transparente medusa que Juan Manuel recoge en su pañuelo para llevarla a su hijo.

A esta confrontación con lo maravilloso se agrega una última experiencia que lo hace aún más tangible; víctima de su atracción hacia Yolanda, Juan Manel se aleja del grupo de cazadores para dirigirse a la casa donde espera ver a la mujer. Tras el vidrio de una ventana, ve el cuerpo desnudo de Yolanda, en el cual se destaca un ala que crece sobre su hombro: «En su hombro derecho crece y se descuelga un poco hacia la espalda algo liviano y blando. Un ala. O más bien un comienzo de ala. O mejor dicho, un muñón de ala. Un pequeño miembro atrofiado que ahora ella palpa cuidadosamente como con recelo» (p. 164). El descubrimiento de estos dos elementos extraños en una realidad que hasta entonces le había parecido sostenido por leyes fijas abre al personaje la posibilidad de enriquecerse espiritualmente ampliando su visión de la realidad y aceptando el hecho de que el Hombre, pese a todos los esquemas positivistas, es incapaz de aprehender la totalidad cósmica en su sentido único y trascendental.

El regreso de Juan Manuel a su casa en Buenos Aires conlleva simbólicamente el enfrentamiento de dos espacios y dos visiones de la realidad: la pampa, ámbito natural donde ocurre lo misterioso e inexplicable y la ciudad, espacio urbano en el cual la Naturaleza ha sido dominada y regulada, lugar donde todo lo natural ha sido despojado de sus fuerzas latentes indomables. Como el héroe mítico que regresa de su aventura, Juan Manuel deberá probar que sus experiencias han tenido un significado trascendental llevando a su mundo de origen una nueva concepción de la realidad y enriqueciendo finalmente su espíritu con una nueva perspectiva que surge de la confrontación y conjunción de los valores predominantes en ambos mundos [12].

En este sentido, el hecho de que diga a su hijo que la medusa ha desaparecido posee un significado importante puesto que Juan Manuel ahora parece haber aceptado la existencia de lo maravilloso en su concepción de la realidad. Sin embargo, el niño rechaza tal explicación para ofrecer una visión racional del fenómeno, exclama: «No, no ha desaparecido; es que se ha deshecho, papá, se ha deshecho. Porque las medusas son agua, nada más que agua. Lo aprendí en la geografía nueva que me regalaste» (p. 167). Esta aserción que reduce los fenómenos naturales a leyes científicas indica la tendencia masculina a anular la existencia de lo maravilloso que, según la visión del mundo observada en la obra, sólo ha logrado perdurar en el ámbito de lo femenino [13].

Es precisamente este concepto el que se plasma en las

---

[12] Joseph Campbell destaca que el verdadero sentido del mito del héroe se encuentra en la conjunción del mundo de origen y el mundo de la aventura. (*El héroe de las mil caras,* México: Fondo de Cultura Económica, 1959). Por otra parte, Juan Villegas, al referirse al arquetipo del héroe en la novela moderna, comenta: «La novela moderna presenta con frecuencia personajes que poseen los dos mundos, no en el plano real, sino psicológico. Es decir, la experiencia de la aventura les ha dado un conocimiento del mundo que les permite, precisamente, una comprensión del mundo «real» por el conocimiento que una vez tuvieron del otro mundo». (*La estructura mítica del héroe,* Barcelona: Editorial Planeta, 1973, p. 135.)

[13] Al referirse a Billy, Hernán Vidal hace el siguiente comentario: «Vemos cómo la educación, instrumento masculino para conservar su orden de realidad, asedia la mente infantil para limitar su amplia sensación de los fenómenos naturales y encerrarla en la lógica de las definiciones científicas». (Op. cit., p. 68).

instancias finales de la trayectoria del protagonista. No obstante Juan Manuel adquiere una nueva comprensión de la muerte por su experiencia con Yolanda y logra vislumbrar la profundidad de su descubrimiento de lo maravilloso y primordial, finalmente sucumbe a la visión racionalista predominante en su mundo de origen y rechaza continuar explorando lo misterioso por temor a caer en el pozo de lo inexplicable. Juan Manuel comprende que la muerte es solamente un detenerse en un punto estático que implica, en cierta forma, la inmortalidad. En consecuencia, su perspectiva frente a la muerte de su esposa experimenta un cambio que se hace evidente en esta reflexión: «Mientras él envejecía, Elsa permanecía eternamente joven, detenida en los treinta y tres años en que desertó de esta vida. Y vendría también el día en que Billy sería mayor que su madre, sabría más del mundo que lo que supo su madre» (p. 169). Es más, por sobre la desintegración de la materia, perduran gestos y objetos que traspasan las fronteras de la muerte. Juan Manuel piensa: « ¡Elsa anulada, detenida en un punto fijo y viviendo, sin embargo, en el recuerdo, moviéndose junto con ellos en la vida cotidiana, como si continuara madurando su espíritu y pudiera reaccionar ante cosas que ignoró y que ignora! » (p. 170). Simultáneamente, las experiencias de su viaje adquieren un sentido pleno; Juan Manuel comprende que «hay algo más cruel (y) más incomprensible que la muerte» (p. 170), intuitivamente ahora sabe que existen misterios aún más indescifrables que la desaparición aparente del flujo de la vida. El ala de Yolanda y la desaparición de las islas nuevas se destacan, bajo esta nueva perspectiva, como fenómenos cósmicos de una trascendencia en la cual vida y muerte, realidad e irrealidad son complejas esferas que no admiten reducciones racionales.

Juan Manuel finalmente comprende que Yolanda está atada a un mundo primigenio del cual perdura aquel residuo de ala como símbolo de la conjunción primordial Mujer-Naturaleza. En consecuencia, la tensión producida por la duda e incertidumbre frente al mundo narrado se resuelve en «lo fantástico-maravilloso» definido por Tzvetan Todorov como la presentación inicial de una realidad fantástica que culmina con la aceptación de lo sobrenatural [14]. Sin embargo, la vivencia de lo maravilloso pierde parte de su trascendencia al voluntariamente desechar Juan Manuel la oportunidad de una mayor penetración en el mundo abierto por sus nuevas experiencias. Su trayectoria culmina de la siguiente manera: «Pero Juan Manuel no se siente capaz de remontar los intrincados corredores de la naturaleza hasta aquel origen. Teme confundir las pistas, perder las huellas, caer en algún pozo oscuro y sin salida para su entendimiento. Y abandonando una vez más a Yolanda, cierra el libro, apaga la luz y se va» (p. 172). El rechazo de una realidad vasta y compleja —imposible de aprehender a partir del conocimiento puramente racional— implica un retorno al mundo de origen y una negación, por parte del personaje, del contenido trascendental de su aventura. En consecuencia, el motivo del viaje también pierde parte de su valor espiritual puesto que en el caso de Juan Manuel, el viaje no logra cambiar radicalmente su concepción del mundo, por el contrario, él elige voluntariamente ignorar sus implicaciones significativas para retornar al tipo de conocimiento valorado en su mundo inicial [15].

---

[14] Según Todorov, lo fantástico puede resolverse en: lo extraño puro, lo fantástico-extraño, lo fantástico-maravilloso y lo maravilloso puro de acuerdo al predominio de lo real tangible o lo sobrenatural. (Consultar especialmente su capítulo sobre lo extraño y lo maravilloso, op. cit., pp. 46-62.)

[15] Al referirse al simbolismo tradicional del viaje, Juan-Eduardo

La trayectoria de Juan Manuel plasma así un concepto ya comentado al referirnos a «Mar, cielo y tierra». Como en esta crónica poética, en «Islas nuevas» se plantea el mundo moderno como dominado por una dicotomía que tiene relación con el modo de concebir la realidad en cada sexo. Mientras la mujer se destaca como un ser que posee y conoce los misterios del cosmos primordial, el hombre —por su afán conceptualizador y utilitario— ha perdido irrevocablemente la vivencia ancestral que conjuga lo maravilloso y natural. Según la cosmovisión entregada en esta obra, el hombre y la mujer poseen modos diferentes para aproximarse a la realidad, su «estar en el mundo» difiere de manera radical y, en consecuencia, se produce un quiebre que afecta las relaciones entre los sexos. Lo masculino racional y consciente se opone a lo femenino instintivo e inconsciente vedando toda posibilidad de una unión armoniosa y fructífera. De este conflicto básico surge, entonces, la degradación y tragedia del arquetipo de la Madre-Tierra en «Islas nuevas», el predominio de lo racional condena a Yolanda a aniquilar sus instintos y a convertirse en un ser solitario y estéril, incapaz de prolongar el ciclo de la vida mutilando, de esta manera, la esencia misma del principio femenino.

Cirlot comenta: «Desde el punto de vista espiritual, el viaje no es nunca la mera traslación en el espacio, sino la tensión de búsqueda y de cambio que determina el movimiento y la experiencia que se deriva del mismo. En consecuencia, estudiar, investigar, buscar, vivir intensamente lo nuevo y profundo son modalidades de viajar, o si se quiere, equivalentes espirituales y simbólicos del viaje. (*Diccionario de símbolos tradicionales,* Barcelona: Editorial Labor, S. A., 1969, páginas 471-472.)

VIII

«TRENZAS»: LA PERDIDA DEL PARAISO ORIGINAL

En la narrativa de María Luisa Bombal, la larga cabellera de las heroínas se destaca como un motivo recurrente que expresa la concepción de la mujer como ser atado a las fuerzas cósmicas y primigenias [1]. Si bien este *leit-motiv* está presente en cada una de sus obras como rasgo caracterizador y simbólico de la esencia femenina, es importante señalar que se dan variaciones de acuerdo a los conceptos que subyacen en el nivel del contenido. Así, por ejemplo, en *La última niebla,* la frondosa cabellera de Regina representa la realización de los impulsos vitales e instintivos de lo femenino en una sociedad que regula la conducta sexual y amorosa de la mujer a través de la institución del matrimonio. Por otra parte, en «Islas

---

[1] En una entrevista concedida a la revista *Ercilla* en 1976, la autora declaraba que el largo cabello de sus heroínas era un rasgo mágico que definía la esencia misma de lo femenino. («María Luisa Bombal: Los poderes de la niebla», *Ercilla,* 8-IX-1976).) Por otra parte, como se comentaba en nuestro análisis de *La última niebla,* María Luisa Bombal nos explicaba: «La mujer no es más que una prolongación de la naturaleza, de todo lo cósmico y primordial. Mis personajes femeninos poseen una larga cabellera porque el cabello, como las enredaderas, las une a la naturaleza». (Entrevista con la autora, septiembre 1977.)

nuevas», el cabello de Yolanda simboliza esencialmente la unión de la mujer a los orígenes mismos del cosmos dándose, en esta forma, mayor realce a los contenidos míticos que amplían el contexto histórico y omiten aquellos factores sociales propios del continente hispanoamericano.

La representación de la mujer como ser humano ligado a la Naturaleza expresa la dualidad conflictiva entre la conciencia racionalizadora masculina y la intuición instintiva femenina. Conflicto que subraya un enfrentamiento típico de la sociedad patriarcal moderna caracterizada, según la antropología, por la oposición básica entre Naturaleza y Cultura. El hombre, partiendo de esquemas racionales modifica y domina la Naturaleza con un afán de lucro, modificación que significa, en esencia, crear cultura; la mujer, por el contrario, en su rol básico de madre y esposa, se identifica plenamente con las fuerzas naturales y primitivas participando en éstas de un modo inconsciente e intuitivo [2].

Dentro de la producción literaria de María Luisa Bombal, «Trenzas» es una obra que revela nuevos aspectos relacionados con este conflicto básico entre los sexos. De manera significativa, es precisamente el *leit-motiv* de la larga cabellera el que plasma el tema de la abdicación de lo inconsciente y primordial por el deseo de incorporarse a un orden masculino de corte positivista. Este concepto se refleja a primera vista en el formato elegido. Abandonando la intuición lírica o la recreación subjetiva de una realidad, la autora utiliza el ensayo —forma de comunicación que posee, por excelencia, características intelectuales y lógicas—. A través de un estilo eminentemente

---

[2] Consultar, por ejemplo, el ensayo de Sherry B. Ortner titulado «Is Female to Male as Nature Is to Culture?» (*Woman, Culture and Society,* editado por Michelle Z. Rosaldo y Louise Lamphere, Stanford: Stanford University Press, 1974, pp. 67-87).

expositivo, en «Trenzas» se elabora un esquema típico del ensayo que contiene una postulación de la tesis, una demostración y la consiguiente conclusión [3]. Sin embargo, bajo esta organización básicamente intelectual, yace un contenido mítico que reitera en forma efectiva el conflicto latente entre conciencia e inconsciente. De esta yuxtaposición contrastante fluye así una tensión que no logra resolverse, pues, aunque la hablante aboga por un retorno a la Naturaleza, al mismo tiempo reconoce que éste ya no es posible en el mundo moderno.

El ensayo se inicia planteando como verdad verificable la vivencia arquetípica del paraíso perdido. Se dice: «Porque día a día los orgullosos humanos que somos, tendemos a desprendernos de nuestro limbo inicial, es que las mujeres no cuidan ni aprecian ya de sus trenzas. Positivas, ignoran al desprenderse de éstas, que ponen atajo a las mágicas corrientes que brotan del corazón mismo de la tierra» (p. 45) [4]. El mito del paraíso perdido implica, en sus connotaciones universales, la existencia original de un mundo armónico y feliz que ha sido destruido por la intrusión de un elemento negativo proveniente de la imperfección de los seres humanos. Es más, la acción que produce una ruptura de la armonía se hace merecedora de un

---

[3] Julia Hermosilla interpreta el texto como una forma híbrida en la cual se combina el ensayo (primera parte) y la leyenda (sección que cubre la historia de las dos hermanas). «Lectura interpretativa de «Las trenzas», de María Luisa Bombal», *Estudios Filológicos,* núm. 10 (Valdivia), año 1974-75, pp. 81-92. En nuestra opinión, la segunda parte es un paradigma más dentro de la demostración del ensayo.

[4] «Trenzas» se publicó originalmente hacia 1940, en la revista *Saber vivir* (I, núm. 2, pp. 36-37). En 1976, María Luisa Bombal publicó una versión modificada del ensayo en *La historia de María Griselda* publicada por la Editorial «El Observador» de Quillota, Chile (pp. 45-55). Para nuestro análisis, hemos elegido esta última versión catalogada por la autora como definitiva.

castigo que explica la existencia del Mal, las enfermedades y el sufrimiento. En «Trenzas», el paraíso se concibe como aquel mundo primigenio en el cual el Hombre y la materia constituían una unidad indisoluble dentro del orden cósmico armonioso y perfecto. En su íntimo contacto con la materia, fuente originadora de la vida, el Hombre recibía el conocimiento trascendental que fluía de todo lo creado. Sin embargo, el orgullo, vale decir, el deseo exacerbado de poseer un lugar superior por sobre la Naturaleza, lo impulsó a crear jerarquías que destruyeron irremediablemente toda unión con lo primordial. De esta manera, el Hombre, en una forma gradual, comenzó a alejarse de la materia anulando así la comunicación y el contacto con el flujo mágico del cosmos.

En este contexto, el poner atajo a las corrientes que brotan del corazón de la tierra significa romper las raíces de los orígenes, alejarse del centro mismo de la unidad. Por consiguiente, se sugiere que los seres humanos —por su orgullo e impulso dominador— han perdido su contacto con el núcleo cósmico en el cual mana la vida y hacia donde confluye todo lo creado. Su existencia es, entonces, un transcurrir solitario y aislado en el cual se ha perdido el sentido de lo fijo y estable que se asienta en las raíces de la materia y en el devenir de todo lo cósmico.

Si en el pasado la mujer constituía el último baluarte de la unidad Ser Humano-Naturaleza, según la visión de mundo del ensayo, ella también se ha ido incorporando gradualmente a un nuevo orden que implica el predominio de la conciencia racionalizadora y el consecuente triunfo sobre el ámbito natural, razón por la cual se la califica como «positiva». Síntoma de este alejarse de todo lo cósmico es el acto de cortarse la cabellera, materia ancestral que como las algas y las enredaderas porta un hálito de vida que se infiltra desde lo más profundo de la tierra.

El ensayo continúa diciendo: «Porque la cabellera de la mujer arranca desde lo más profundo y misterioso; desde allí donde nace y tiembla la primera burbuja; que es desde allí que se desenvuelve, lucha y crece entre muchas y enmarañadas fuerzas, hasta la superficie de lo vegetal, del aire y hasta las frentes privilegiadas que ella eligiera» (p. 45). Según la tesis del ensayo, el cabello de la mujer tiene, entonces, sus orígenes en las profundidades de la tierra, espacio en el cual se generan los principios misteriosos de la vida. Como un elemento más de las fuerzas cósmicas, éste afluye a la superficie traspasando el aire y la materia vegetal para llegar hasta la frente de quienes lo poseen. Por lo tanto, la larga cabellera es el lazo que une a la mujer a lo primigenio restableciendo aquella relación armoniosa que existía en el paraíso original. Al respecto, Julia Hermosilla comenta: «Las trenzas se valoran como elementos de unión entre el ser humano y los orígenes, símbolo de unidad cósmica y de ciclo vital eterno que también participa de los contenidos de vida y muerte (luz y tinieblas) del origen, porque a través del cabello vive y muere la materia del ser humano» [5].

No obstante el valor trascendental del cabello que permite un conocimiento intuitivo de la esencia de la vida y otorga a la mujer atributos ancestrales en su dimensión arquetípica de Madre-Tierra, ésta ha optado por aquellos esquemas racionalistas del mundo moderno que desvalorizan la materia. En el ensayo se plantea entonces la necesidad de recuperar el nexo trenzas-tierra el cual implica —a un nivel más amplio y sim-

---

[5] Julia Hermosilla, op. cit., p. 87.

bólico— el retorno al paraíso perdido y el reencuentro del ser humano con sus fundamentos cósmicos.

La demostración de la «verdad mítica» que concibe la larga cabellera de la mujer como extensión de todo lo cósmico se realiza a partir del método de la enumeración de paradigmas obtenidos en la leyenda, la tradición literaria y un suceso ocurrido en el pasado inmediato. Cada uno de estos ejemplos citados da prueba de una dimensión de las trenzas como elemento ligado a lo primordial constituyendo así una totalidad polisémica. En este punto, cabe destacar que esta sección se caracteriza por un tono enfático y una posición apelativa de parte de la hablante quien en la postulación de la tesis y su conclusión opta por la objetividad. En este sentido, la demostración podría calificarse como una sección enmarcada en la cual se recrea el pasado como ficciones que poseen una dimensión mítica y a las cuales alude la hablante desde una perspectiva personal cargada de afectividad.

La mitificación de un suceso reciente o de figuras legendarias en un pasado lejano viene a subrayar aquella tensión a la que nos referíamos al comienzo de este análisis. La hablante pretende demostrar su tesis utilizando un método positivista pero, lejos de atenerse a hechos científicamente comprobables, opta por una intuición imaginativa que reafirma el valor de la vivencia inconsciente y arquetípica [6].

La hablante comienza haciendo una evocación de Isolde y sus oscuras trenzas, materia a través de la cual se escurrió aquel filtro encantado que determinara su destino teñido por el amor, la expresión más pura de la Naturaleza. La ecuación

---

[6] En la primera versión de «Trenzas», la hablante hacía este comentario en el cual significativamente se destaca una actitud subjetiva: «Las mujeres, las de antes, las de largas trenzas, así las recuerdo, o mejor dicho, así medito acerca de sus remotas cabelleras». (Op. cit., p. 36.)

Materia-Vida Natural se subraya diciendo: «¿No fue acaso a lo largo de esas trenzas que las raíces de aquel filtro escurriéronse veloces hacia su humano destino? Porque quién ha de dudar jamás de que cabellera alguna gozara de tal rumor de fuentes subterráneas, de un tal suspirar de brisas y de hojas. Rumor y suspirar que en esas noches suyas de amor y luna, Tristán destrenzaba a fin de escuchar extasiado el canto lejano, persistente y secreto... el canto natural de aquella cabellera» (pp. 45-46). Las trenzas de Isolde son, según las categorías ideológicas del ensayo, una materia viva y misteriosa que porta los secretos de la Naturaleza y posee, como todo lo cósmico, dimensiones de carácter maravilloso. Su canto natural y las extrañas flores que crecen en ellas durante la noche hacen de las trenzas un elemento que otorga a Isolde los atributos arquetípicos de la Madre-Tierra.

El amor se concibe en el ensayo como una manifestación de la vida natural, como aquel nexo en el cual espíritu y materia se conjugan para sustentar el movimiento regenerador del ciclo cósmico. Por lo tanto, las trenzas son en sí portadoras del amor, concepto que se reitera en las siguientes parejas paradigmáticas y legendarias: Isolde-Tristán, Melisanda-Pelleas y María-Efraín. Las trenzas de Isolde y Melisanda comunican aquel amor que ellas mismas no se atreven a confesar y, en el caso de María, la heroína romántica de la novela homónima de Jorge Isaacs, éstas ofrecen a Efraín un testimonio del amor que perdura más allá de la muerte. Por otra parte, en el caso de la octava esposa de Barba Azul, la larga cabellera trenzada protege contra la crueldad despiadada salvaguardando la vida de su poseedora.

En todos estos ejemplos ilustrativos de la tesis del ensayo, subyace la visión de la mujer como única portadora de una realidad cósmica y absoluta que se infiltra y manifiesta en su larga cabellera, residuo ancestral de los orígenes de todo lo vivo. Es a través de la mujer que el hombre logra vislumbrar los misterios maravillosos de su fundamento original que se traduce en una correspondencia íntima entre los seres humanos y los elementos cósmicos primordiales. Por lo tanto, el contacto amoroso con la mujer produce en el hombre un retorno a sus raíces y un restablecimiento de la armonía primigenia. Julia Hermosilla hace el siguiente comentario acerca de este atributo arquetípico de las figuras femeninas: «A través de ellas se muestra que la propiedad natural de la relación del ser con sus orígenes, recae sólo en la mujer y siempre que ella conserve el cabello largo, las trenzas, que son como raíces permanentemente hundidas en el limo inicial, por donde llega y se escapa la energía vital de la materia en un circular inevitable y eterno. El hombre logra asomarse al profundo misterio original sólo a través del contacto con los largos cabellos femeninos...» [7].

En la segunda parte de la demostración, se reitera esta visión arquetípica de la mujer subrayando el concepto de la correspondencia íntima entre el principio femenino y la materia originada por las fuerzas telúricas. La hablante ilustra dicho concepto refiriéndose a un suceso supuestamente conocido por el lector y que tuvo lugar en un pasado reciente [8]. Este suceso que al nivel lógico y racional del ensayo vendría

---

[7] Julia Hermosilla, op. cit., p. 86.

[8] María Luisa Bombal nos informó que la historia de las dos hermanas y la muerte de una de ellas la misma noche en la cual se incendió el bosque de la hacienda efectivamente tuvo lugar en su juventud. Ambas hermanas pertenecían a una de las familias de la alta aristocracia chilena y parte de dicha hacienda es, en la actualidad, la llamada Quinta Vergara, un hermoso parque público de la ciudad de Viña del Mar.

a proveer una prueba histórica y concreta de la tesis postulada no cumple, sin embargo, dicha función. Los hechos se reelaboran utilizando la forma de una leyenda folklórica y lo objetivo comprobable se transforma en una versión mitificada de la realidad. En consecuencia, el proceso de elaboración viene nuevamente a subrayar la tensión básica entre conocimiento intelectual y visión arquetípica del mundo.

La historia de las dos hermanas se inicia aludiendo al núcleo familiar y su trayectoria de querellas y fatalidades inesperadas. Dicho comienzo otorga al relato una característica típica de la leyenda, forma simple en la cual los personajes se conciben como prolongaciones de una estirpe y un linaje determinados. La presentación condensada de la historia y el predominio de la acción sobre la caracterización de los personajes o la elaboración de un mundo ficticio amplio y redondeado corroboran posteriormente el carácter legendario de lo narrado[9]. Lejos de constituir una penetración acabada en el espacio o en los personajes, la narración sólo se limita a presentar, en forma simultánea, dos sucesos particulares: el incendio del bosque y la muerte de una de las hermanas. En consecuencia, los detalles del medio ambiente o los posibles conflictos sicológicos o sociales de los personajes se esbozan levemente por medio de trazos breves y escuetos que diluyen la especificidad histórica y dan paso a elementos más generales y básicos.

Por consiguiente, la presentación antitética de las dos hermanas es sustentada por categorías básicas típicas de la leyenda: belleza, amor, contextura física y cabellera son, en realidad, los ejes concretos desde los cuales mana toda la caracte-

---

[9] Para una caracterización de la leyenda, se puede consultar, por ejemplo, el estudio de André Jolles titulado *Las formas simples* (Santiago, Chile: Editorial Universitaria, 1972, pp. 62-87).

rización contrastante. Mientras la hermana mayor se destaca como una mujer fuerte, terca y poco agraciada, la menor, aunque frágil, posee una gran belleza y dulzura. Si la primera, después de una desilusión amorosa, se niega a seguir amando, se recorta el cabello y se retira a una hacienda del Sur, la hermana menor en la ciudad ama intensamente y de su larga trenza rojiza emanan violentos fulgores que simbolizan la pasión y el carácter fogoso de su dueña. Es importante señalar que el cabello conlleva en sí un significado de gran validez para el contenido del ensayo en su totalidad puesto que la hermana mayor, en su rol de administradora de la hacienda, representa a aquella mujer moderna y positiva que ha optado por el dominio de la Naturaleza sacrificando no sólo la posibilidad de un amor pleno y fértil sino también eliminando la relación intuitiva e inconsciente con el ámbito de lo cósmico, actitud que se refleja en el acto consciente de recortarse el cabello [10]. Se da así una oposición básica entre la mujer que ha desechado conscientemente la esencia de lo femenino y aquélla —representada por la hermana menor— que mantiene intuitivamente su nexo con la Naturaleza.

Esta íntima relación entre la mujer y la materia se subraya en esta sección de la obra por medio de la disposición en contrapunto. Las dos acciones básicas se alternan para presentar de manera simultánea el fuego que arrasa con los árboles del bosque en la hacienda y la hermana menor en la ciudad que yace sobre la alfombra del salón, presa de un súbito malestar. Los árboles al amanecer han sido consumidos por el fuego y la

---

[10] Hernán Vidal caracteriza al personaje como: «la mujer absorbida por el racionalismo y convencionalismo del mundo masculino para servirlo y sostenerlo». (*María Luisa Bombal: La feminidad enajenada,* Barcelona: Hijos de José Bosch, S. A., 1976, p. 60.)

mujer simbólicamente también muere, sin una razón aparente. Sin embargo, al concluir la historia, se nos dice: «El bosque hubo de agonizar y morir junto con ella y su cabellera cuyas raíces eran las mismas» (p. 54).

La larga cabellera de la mujer se destaca entonces como un símbolo de la unión integral de lo femenino y todo lo cósmico, este último representado por los árboles del bosque. Las connotaciones simbólicas del motivo del árbol en «Trenzas» se relacionan, sin duda, con significados arquetípicos de carácter universal: en su calidad de *imago mundi,* el árbol tradicionalmente se considera un reflejo del universo, una réplica en miniatura de la energía cósmica y su movimiento periódico y regenerador. Es más, su fertilidad es asociada con la vida y la maternidad, razón por la cual en Africa y la India, por ejemplo, es venerado por las mujeres y se cree que los espíritus de los muertos vuelven a él en la esperanza de lograr la resurrección. Como el agua y la tierra, la cualidad de dar origen a la vida hace del árbol un elemento que se une al arquetipo de la Madre-Tierra representado, en un número significativo de mitologías e iconografías, junto a un árbol, una rama o una flor [11]. Hathor en Egipto o Sidure en la Mesopotamia son, en realidad, las manifestaciones del Arquetipo Femenino concebido como la fuente inagotable de la creación simbolizada por el árbol, elemento que a manera de un microcosmos refleja el dinamismo cíclico de una realidad cósmica y transcendente [12].

En «Trenzas», la visión de la cabellera femenina como prolongación de una realidad absoluta y trascendental se expresa

---

[11] Erich Neumann desarrolla ampliamente este aspecto en su libro *The Great Mother: An Analysis of the Archetype* (Princeton: Princeton University Press, 1963), pp. 240-267.

[12] Mircea Eliade. *Patterns in Comparative Religion* (Nueva York: The World Publishing Company, 1963), pp. 230-326.

en la siguiente afirmación: «Las verdes enredaderas que se en-
roscan a los árboles, las dulces algas a sus rocas, son cabelleras desmadejadas, son la palabra, el venir y aletear de la naturaleza, son su alegría y melancolía, son su expresión por medio
de la cual la naturaleza infiltra confusamente su magia y saber
a los seres» (p. 55). Como extensión de un mundo natural y
misterioso, el largo cabello de la mujer es —al igual que las
algas marinas y las enredaderas— la expresión del devenir
cósmico; es el verbo, la palabra y el canto que pone de manifiesto la esencia de una naturaleza poseedora de mágicos secretos y una profunda sabiduría. Dentro de la visión del mundo
observada en la obra, esta es la realidad que merece ser valo-
rada por sobre cualquier otra. Sin embargo, en el mundo moderno priman valores racionalistas y pragmáticos que han eli-
minado la íntima relación entre los seres humanos y los principios cósmicos que portan el origen y la esencia de todo lo
creado.

La mujer, no obstante su cualidad inherente que la une a
los elementos primordiales del agua y la tierra, ha sido subyu-
gada por este nuevo orden y ha comenzado a abandonar su
contacto con el cosmos destruyendo así la esencia misma del
principio femenino. En este sentido, el desprenderse de las
trenzas se destaca, en el ensayo, como un acto simbólico que
conlleva el significado de una auto-mutilación por el deseo de
asimilarse a un orden masculino de carácter positivista. En
consecuencia, la mujer moderna se desplaza en una existencia
dagradada en la cual se ha perdido la vivencia auténtica de lo
mágico y trascendental. Este concepto se subraya al final del
ensayo aseverando: «Y es por eso que las mujeres de ahora
han perdido su fuerza adivina y no tienen premoniciones ni go-
ces absurdos, ni poder magnético. Y sus sueños no son ahora
sino una triste marea que trae y retrae imágenes cansadas o

alguna que otra doméstica pesadilla» (p. 55). La metáfora de la triste marea que arrastra imágenes sin vigor o pesadillas pedestres expresa, en efecto, la transformación de una existencia plena de vivencias valiosas y transcendentales en un vivir rutinario y vacío que ha abandonado irremediablemente aquel paraíso original donde el principio femenino era parte integral de las fuerzas misteriosas de un cosmos en constante regeneración.

El planteamiento de María Luisa Bombal con respecto a la existencia femenina en el mundo moderno abre una interrogante que nos parece conveniente destacar. El abogar por un retorno en la etapa paradisíaca y la consecuente reafirmación de valores primitivos se dan en la obra con la convicción de que ambos ya no son posibles. Es más, la autora concibe la existencia de la mujer como teñida por la degradación en una situación sin salida. El contenido ideológico del ensayo hace evidente que la solución no está en incorporarse activamente al ámbito del sexo masculino participando en la política, la creación de las leyes o las esferas económicas —actividades que corresponderían en términos actuales a la llamada liberación femenina. Por el contrario, María Luisa Bombal expresa una melancolía marcada por la vivencia arquetípica del paraíso perdido y propone una salida utópica con el convencimiento de que ésta no podrá ser nunca una realidad.

Estas categorías ideológicas se explican en parte por el hecho de que la escritora, en las obras de su segunda etapa de producción, abandona las circunstancias sociales inmediatas en las cuales se inserta la existencia de la mujer para limitarse a presentar una visión de la esencia femenina que corresponde a conceptos de una ideología burguesa dominante [13]. La ausen-

---

[13] En las entrevistas con la autora, pudimos claramente determinar

cia de un enfrentamiento con las fuerzas concretas y tangibles
de un microcosmos social en particular produce la omisión de
la búsqueda, impulso vital que engrandecía a las heroínas de
sus primeras obras como seres insatisfechos que cuestionaban
las convenciones de su sociedad. Si bien estas heroínas no lo-
graban una verdadera realización, el hecho mismo de estar en
abierto conflicto con el orden social hacía de sus trayectorias
un valioso testimonio de la problemática de la mujer latinoamericana de la época. En sus últimas obras, María Luisa Bombal acentúa el poder de los valores predominantes en el mundo
moderno y, por consiguiente, representa el arquetipo de la
Madre-Tierra como un ser condenado, desde un principio, a
la derrota, la mutilación y la existencia sin sentido en una
situación estática que ni siquiera engendra la búsqueda de una
plenitud vedada. La degradación del Arquetipo Femenino
pone entonces de manifiesto una posición conservadora con
respecto a la situación de la mujer quien se destaca como un
ser derrotado por un sistema que no ofrece ninguna salida puesto que no concibe la posibilidad de un cambio social. En «Islas nuevas», este concepto se manifestaba a través de Yolanda,
personaje desposeído de todo impulso para modificar su circunstancia, en «Trenzas», se expresa por medio de la reafirmación de valores irrevocablemente perdidos.

---

dichas categorías. La mujer, para María Luisa Bombal, es un ser intuitivo, emocional, imaginativo y con tendencia a la pasividad y el ensueño. En una ocasión nos dijo: «La mujer es puro corazón a diferencia del hombre, que es la materia gris y el principio activo iniciador
de todas las grandes empresas», (octubre 1977).

IX

BELLEZA FATAL VERSUS BELLEZA MARAVILLOSA EN «LA HISTORIA DE MARIA GRISELDA»

El estudio de la producción literaria de un autor generalmente conduce a la determinación de un rasgo distintivo que otorga a la totalidad un sello unificador y caracterizante. Si bien en cada obra en particular la forma y èl contenido poseen diferencias que la singularizan, al nivel de la visión del mundo, se da un componente básico que yace y permanece tal un núcleo desde el cual mana la creación artística.[1]. Este elemento ideológico primario no sólo refleja la sensibilidad de una época determinada, sino que es también la expresión personal del escritor como individuo que comparte las ideas de un grupo social.

En la narrativa de María Luisa Bombal, se observan dos elementos complementarios que definen lo básico y esencial de

---

[1] En su estudio sobre la poesía de Vicente Aleixandre, Carlos Bousoño define este elemento como «una intuición primaria» determinada tanto por factores sicológicos en la personalidad del escritor como por las influencias del medio ambiente. El crítico español no da, sin embargo, suficiente énfasis al factor de la clase social o la ideología con la cual se identifica el autor. (*La poesía de Vicente Aleixandre,* Madrid: Editorial Gredos, S. A., 1968).

toda la obra. Desde el punto de vista más aparente de la realidad presentada, se destaca la concepción de ésta como un conjunto amplio y complejo cuyos límites traspasan las fronteras de lo objetivo y racionalmente tangible. Esta visión de la realidad se plasma ya sea como una yuxtaposición ambigua de lo concreto, lo soñado y lo ensoñado en *La última niebla* o como la simultaneidad en contrapunto de un presente que conduce a la vivencia iluminadora del pasado, según se observa en «El árbol». La elaboración de la zona mágica de la muerte concebida como un proceso de inmersión en las profundidades de la tierra en *La amortajada,* el carácter fantástico del relato «Islas nuevas» o los aspectos maravillosos del nexo cosmos-larga cabellera femenina en «Trenzas» no vienen sino a corroborar esta visión de la realidad como un ámbito dinámico que se extiende a las esferas de lo onírico, lo inconsciente y lo sobrenatural. Dicha concepción no sólo debe comprenderse como una expresión típica de la época, más importante aún es considerarla dentro del contexto significativo de la representación de la vivencia femenina [2]. Como se ha demostrado en este estudio, un aspecto clave en la narrativa de María Luisa Bombal es la visión de la mujer como un ser que aprehende la realidad a partir de un modo intuitivo, inconsciente e irracional que corresponde a la esencia misma de lo femenino concebido, a su vez, como parte integrante de un cosmos misterioso y trascendental.

Sin embargo, si aseveráramos que la esencia femenina y su modo peculiar de acercarse a la realidad es el elemento definidor y caracterizante de la narrativa bombaliana, estaríamos omi-

---

[2] Si bien en el breve cuento «Lo secreto» y la evocación «La maja y el ruiseñor» no se da énfasis a la experiencia femenina, sí se observa la elaboración de una realidad en la cual están presentes lo maravilloso y la subjetividad imaginativa.

tiendo un segundo aspecto de valor vital para su comprensión. La obra de María Luisa Bombal no es simplemente la elaboración de la realidad desde una perspectiva femenina, el dinamismo y la complejidad enriquecedora de ella yace en el conflicto de esta vivencia particular inserta en la dialéctica de los sexos; es más, toda su problematicidad conflictiva tiene su origen en la inadecuación del ser femenino con respecto a los valores masculinos predominantes en la sociedad. Por lo tanto, la validez y riqueza del mundo presentado mana de la oposición básica entre el principio femenino que inconscientemente busca aproximarse a sus raíces cósmicas primordiales y el principio masculino que ha impuesto jerarquías y regulaciones por sobre todo lo natural a partir de la conciencia racionalizadora.

«La historia de María Griselda» —última obra narrativa publicada por la autora [3]— marca, en cierta medida, el final y punto culminante de una producción literaria que se caracterizó, desde sus comienzos, por la presencia de una relación entre los sexos en la cual primaba la incomprensión y la incomunicación. Significativamente, en esta *nouvelle* se elabora el motivo de la belleza femenina como un estigma trágico que, lejos de producir la felicidad puesto que constituye el atributo de la mujer tradicionalmente valorado en la sociedad, sólo conduce a la soledad, la destrucción y la muerte [4]. Tras la desmi-

---

[3] Aparte de «La maja y el ruiseñor» (1960), semblanza en la cual María Luisa Bombal nos presenta recuerdos de su niñez, la autora ha escrito en inglés «The Foreign Minister» y «Dolly and Jeckill and Miss Hyde», dos obras de teatro que no han sido representadas o publicadas.

[4] María Luisa Bombal ha afirmado: «Ser muy bella no implica ser feliz. De ello se hace un mito. Se supone que la mujer, lo supone ella misma desde que empieza a serlo y antes aún, cuando es sólo una niña, que siendo hermosa será más feliz y todo en la vida le será más

tificación de la belleza femenina —fuente de inspiración de tantas creaciones artísticas y rasgo destacado por la cultura de masas— se ofrece un comentario con respecto a un mundo moderno en el cual ya no se reconocen los valores espirituales representados por una belleza que simboliza la perfección y la armonía del ámbito cósmico.

El arquetipo de la Madre-Tierra: Una conjunción de la materia y el espíritu

En «La historia de María Griselda», se nos presenta el motivo de la forastera plasmado en el personaje de Ana María quien llega a una hacienda del Sur donde gradualmente va descubriendo la belleza y perfección de María Griselda y su impacto nefasto en quienes la rodean [5]. Al principio, sólo sabe de la protagonista por los comentarios que hacen los otros personajes y no es sino al final que logra Ana María constatar las dimensiones maravillosas de sus rasgos físicos que reflejan, a manera de un microcosmos, el dinamismo vital y perfecto de la Naturaleza.

La relación armoniosa de María Griselda con el mundo natural circundante hace de ella una expresión del arquetipo de la Madre-Tierra en el cual se subrayan aquellas cualidades que

---

fácil...» («Presentación» de Sara Vial en *La historia de María Griselda,* Valparaíso: Ediciones Universitarias de Valparaíso, 1977, p. 26).

[5] Originalmente, «La historia de María Griselda» fue incluida en la versión inglesa de *La amortajada* publicada en 1947 por Farrar Straus bajo el título de *The Shrouded Woman*. En su introspección después de la muerte, Ana María recuerda aquel viaje a la hacienda del Sur donde conoció la tragedia de su nuera María Griselda.

la ligan a la llamada Diosa de la Vegetación [6]. En primer lugar, se la caracteriza como «huidiza gacela», imagen que pone de manifiesto su carácter natural y silvestre perteneciente a un ámbito forestal poblado de zarzas, ramas espinosas y helechos que no han sido aún dominados por el Hombre. Su lugar favorito es la ladera del río Malleco, verdadero símbolo de las fuerzas incontrolables de una Naturaleza que se defiende contra el impulso de quienes pretenden invadirla. Este espacio primordial e indómito se describe de la siguiente manera:

> Y bajaron la empinada cuesta hasta internarse en la neblina, que se estancaba en lo más hondo de la grieta, allí en donde ya no había pájaros, en donde la luz se espesaba, lívida, en donde el fragor del agua rugía como un trueno sostenido y permanente. ¡Un paso más y se habían hallado al fondo del cañón y en frente mismo del monstruo!
>
> La vegetación se detenía al borde de una estrecha playa de guijarros opacos y duros como el carbón de piedra. Mal resignado en su lecho, el río corría a borbotones, estrellando enfurecido un agua agujereada de remolinos y de burbujas negras [7].

María Griselda suelta sus largas trenzas en las aguas del Malleco y recibe el contacto acariciante del río que le brinda hermosos pececitos plateados. Su relación con las aguas inferiores que nacen de las entrañas mismas de la tierra subraya la dimensión del Arquetipo Femenino que asocia a la mujer con el principio de la fertilidad. Es más, como diosa de las aguas, la mujer simboliza el ciclo básico y esencial de la materia y la vegetación. María Griselda explora en los troncos de

---

[6] Erich Neumann. *The Great Mother: An Analysis of the Archetype* (Princeton: Princeton University Press, 1963), pp. 240-280.

[7] María Luisa Bombal. *La historia de María Griselda* (Valparaíso: Ediciones Universitarias de Valparaíso, 1977), p. 56.

los árboles cuya corteza le descubre los misterios de la materia y de la vida representada por aquellos pequeños insectos que en ella se cobijan. Significativamente, el motivo de los ojos, símbolo tradicional del espíritu, se describe como manantial de luz, agua y verdor vegetal, se dice:

> Un círculo de oro, uno verde claro, otro de un verde turbio, otro muy negro, y de nuevo un círculo de oro, y otro verde claro... los círculos igual al musgo que se adhiere a los troncos de los ojos de María Griselda. ¡Esos ojos de un verde de árboles mojados por el invierno, esos ojos al fondo de los cuales titilaba y se multiplicaba la llama de los velones!
> ¡Toda esa agua refulgente contenida allí como por milagro!
> ¡Con la punta de un alfiler, pinchar esas pupilas! Habría sido como rajar una estrella... (p. 66).

Los ojos de María Griselda, como la Naturaleza misma, son una fuente inagotable de vida: su verdor de «musgo» y de «árboles mojados por el invierno» conlleva, de manera simultánea, la fertilidad de la vegetación y del agua, elemento primordial del universo. Es más, la imagen del «agua refulgente» viene a sintetizar las fuerzas positivas y fecundas de la energía cósmica representadas por el principio acuático y la luz [8].

Como diosa de la vegetación, la protagonista lleva siempre en el escote de su traje de amazona una dalia amarilla que en términos arquetípicos representa la unión armoniosa con el ámbito natural. Es importante señalar que en dicha relación no se dan antagonismos u hostilidades; por el contrario, el hecho de que su caballo no necesite ser guiado, de que la pri-

---

[8] El simbolismo tradicional de la luz, el agua y el color verde lo explica Juan-Cirlot en su libro *Diccionario de símbolos tradicionales* (Barcelona: Editorial Labor, S. A., 1969), pp. 62-64, 298 y 143-146 respectivamente.

mera luciérnaga de la noche se pose siempre sobre su hombro y que las palomas la sigan dócilmente, pone de manifiesto las cualidades inherentes de una representación arquetípica de lo femenino que contrasta, de manera significativa, con aquellas figuras mitológicas masculinas que generalmente se presentan en abierta oposición a una fauna con la cual luchan logrando siempre vencerla [9].

La belleza pura, natural y perfecta de María Griselda representa, en esencia, las fuerzas elementales subterráneas, las raíces telúricas del cosmos y el espíritu misterioso del cielo y de la tierra [10]. Las dimensiones arquetípicas y simbólicas de la protagonista parecen resumirse en las palabras de Rodolfo quien cuenta a Ana María: «... María Griselda cambiaba imperceptiblemente, según la hora, la luz y el humor, y se renovaba como el follaje de los árboles, como la faz del cielo, como todo lo vivo y lo natural» (p. 58). Su nexo con el cosmos —ámbito en el cual se conjugan la materia y el espíritu— hace de su belleza una expresión que trasciende lo físico, lo concreto y lo tangible. Sus cejas arqueadas como si «una golondrina afilada y sombría hubiese abierto las alas sobre sus ojos» (p. 65), su cuello de grácil cisne, sus hombros «henchidos como frutos maduros» (p. 65) y sus caderas «redondas y mansas» (p. 65) son, en realidad, la manifestación del espíritu a través de la materia.

Este aspecto sólo viene a reiterar las cualidades inheren-

---

[9] Esta diferencia fundamental entre las deidades masculinas y aquéllas femeninas es destacada por Erich Neumann en su libro ya citado.

[10] Este aspecto ha sido brevemente señalado por Ignacio Valente («María Luisa Bombal: 'La historia de María Griselda'», *El Mercurio*, Santiago, 5-XII-1976) y por Fernando Durán V. («María Luisa Bombal: 'La historia de María Griselda'», *El Mercurio*, Valparaíso, 13 de marzo 1977).

tes al Arquetipo Femenino en sus dimensiones positivas que
la ligan a la fertilidad del cosmos. En su carácter elemental
no únicamente representa el movimiento cíclico y regenerador
que sostiene la vida, sino que también adquiere aquella trascendencia espiritual inmanente a los principios primordiales.
De esta dimensión provienen, precisamente, los atributos que
hacen de la deidad femenina un símbolo de la regeneración, la
inmortalidad, la sabiduría, el éxtasis y la inspiración poética.
En nuestra tradición occidental, musas y ninfas y, sobre todo,
la figura de Sofía no sólo se asocian con las expresiones concretas de la vida en su carácter grávido y material, ellas son
también una extensión de la esencia suprema de todo lo vivo.
Sofía se iguala, así, al centro creativo de la mandala y, como
poseedora de los misterios de un cosmos ignorado por los hombres, es una fuente de inspiración artística y de perfeccionamiento espiritual [11].

María Griselda, como figura arquetípica ligada al cosmos
primordial, posee estas dimensiones espirituales que la asemejan a Sofía. Sin embargo, Fred, con su sensibilidad artística,
es el único personaje capaz de comprender la trascendencia y
significado de su belleza. Su primer encuentro con la protagonista se describe de la siguiente manera:

La vio pasar. Y a través de ella, de su pura belleza, tocó de
pronto un más allá infinito y dulce... algas, aguas, tibias arenas
visitadas por la luna, raíces que se pudren sordamente creciendo
limo abajo, hasta su propio y acongojado corazón.

Del fondo de su ser empezaron a brotar exclamaciones exta-
siadas, músicas nunca escuchadas: frases y notas hasta entonces
dormidas dentro de su sangre y que ahora de pronto ascendían

---

[11] Erich Neumann, op. cit., pp. 281-336. Es también de especial
interés el libro de Richard Graves titulado *The White Goddess: A
Historical Grammar of Poetic Myth* (Nueva York: Farrar Straus, 1966).

y recaían triunfalmente junto con su soplo, con la regularidad de
su soplo.

Y supo de una alegría a la par grave y liviana, sin nombre y
sin origen, y de una tristeza resignada y rica de desordenadas
sensaciones.

Y comprendió lo que era el alma, y la admitió tímida, vaci-
lante y ansiosa, y aceptó la vida tal cual era: efímera, misteriosa
e inútil, con su mágica muerte que tal vez no conduce a nada
(pp. 63-64).

La belleza de María Griselda produce en Fred un conocimiento intuitivo de los orígenes representados por aquellas
algas que penetran en el ámbito preformal de las profundidades de la tierra. Dicho conocimiento no sólo conduce a una
comprensión más profunda de la vida, sino que también motiva la creación poética que es en sí la más alta expresión del
espíritu.

CUENTO MARAVILLOSO Y TRAGEDIA

Parte del contenido mítico representado por María Griselda se plasma en la *nouvelle* a través de la presencia de elementos maravillosos que le otorgan las características de un
cuento de hadas o *märchen* [12]. Inicialmente, la protagonista se
caracteriza de modo esquemático, siguiendo la forma típica de

[12] Con respecto a la base mítica del cuento maravilloso, se pueden
consultar, por ejemplo, los siguientes libros de Vladimir Propp: *Morfo-
logía del cuento* (Madrid: Editorial Fundamentos, 1971) y *Las raíces
históricas del cuento* (Madrid: Editorial Fundamentos, 1974). O los ensayos «The Structural Study of Myth» de C. Lévi-Strauss y «Myth and
Folktales» de Stith Thompson, ambos recopilados por Thomas A. Se-
beok en el volumen *Myth: A. Symposium* (Bloomington: Indiana University Press, 1958), pp. 81-106 y 169-180 respectivamente.

este género tradicional. Sus virtudes excepcionales —dulzura, bondad y belleza— la colocan por encima de los otros personajes y conmueven a la Naturaleza que adquiere rasgos sobrenaturales y maravillosos [13]. El sapo que se instala día y noche en las escalinatas de la casa para contemplar, con ojos enamorados, a María Griselda o el río Malleco que, por amor a la joven, detiene su ferocidad para acariciar su larga cabellera son ejemplos de lo maravilloso que se presenta sin producir sorpresa o sin ofrecer ninguna explicación racional [14].

A pesar de la presentación de elementos típicos del cuento maravilloso, el contenido al nivel de la visión del mundo produce una diferencia significativa que subraya el concepto de un mundo moderno en el cual no se logra comprender o valorar la armonía y perfección de un cosmos que se prolonga en la figura arquetípica de la Madre-Tierra. En su interesante estudio sobre las formas simples, Andrés Jolles ha establecido que la esencia del cuento maravilloso se encuentra en la presentación de un mundo donde se cumplen las exigencias de la moral ingenua [15]. Un mundo donde existe, según la definición de Friedich von Schiller, la felicidad y la perfección de la Naturaleza [16]. El cuento maravilloso se aleja, por lo tanto, de

---

[13] Este aspecto de la caracterización en el cuento maravilloso ha sido destacado por John Buchanan en *The Novel and the Fairy Tale* (Londres: The English Association, 1931) y por Max Lüthi en *Once Upon A Time: On the Nature of Fairy Tales* (Nueva York: Frederick Ungar Publishing Co., 1970).

[14] Estos elementos, según la definición de Tzvetan Todorov, corresponden, por lo tanto, al ámbito de «lo maravilloso puro». (*Introduction à la Littérature Fantastique,* Paris: Editions du Seuil, 1970).

[15] André Jolles. *Las formas simples* (Santiago, Chile: Editorial Universitaria, 1971), pp. 198-223.

[16] Friedich von Schiller. *Naive and Sentimental Poetry* (Nueva York: Frederick Ungar Publishing Co., 1966), pp. 81-190.

la realidad para mostrarnos cómo triunfa la virtud, la perfección y el Bien, gracias a la intervención de lo maravilloso que transforma una situación típica de injusticia en un equilibrio justo. La aparición del hada madrina en *Cenicienta,* por ejemplo, no es sino aquel elemento maravilloso que rescata a la joven dulce y buena de una circunstancia en la cual se la maltrata para posteriormente, por el factor mágico del zapato de cristal, conducirla al matrimonio con el príncipe y a aquella felicidad que su belleza y bondad se merecen. De esta manera, el cuento maravilloso satisface nuestra necesidad de ver cómo *debería* ser el mundo aunque éste sea dominado por la injusticia y el Mal.

El formato inicial de cuento maravilloso en «La historia de María Griselda» nos hace esperar que la belleza y la bondad sean justamente valoradas, según la dinámica de la moral ingenua. Es más, siguiendo las categorías morales del cuento tradicional, nuestras expectativas son que la belleza de la protagonista constituya una fuerza bienhechora y un factor de felicidad. María Griselda, como encarnación del espíritu y fuente de lo primordial, debería iluminar a los seres humanos que la rodean conduciéndolos a una unión armónica con el ámbito natural y trascendente. Sin embargo, ocurre precisamente lo contrario. Las dos jóvenes que viven con ella están dominadas por las pasiones de los celos y la envidia. Sylvia se consume frente a un espejo preguntando, como la madrastra de Blanca Nieves, si ella es más hermosa que María Griselda, y angustiosamente teme que la belleza de la protagonista le haya usurpado el amor de Fred, su marido. Por otra parte, Anita —la hija de Ana María— lucha por construir su felicidad sobre un cimiento de falsedades luego de convencerse que ha perdido el amor de Rodolfo, personaje que vaga por el bosque con la esperanza de ver a María Griselda. Incluso Alberto, el esposo de la protagonista, ha caído en la desesperación y el alcoholismo ante la imposibilidad de poseerla plenamente.

Si María Griselda y su belleza perfecta conviven armoniosamente con un ámbito natural donde los animales silvestres y las aguas se acercan amorosamente a ella tal si fuera la Diosa de la Vegetación, la incomprensión en el mundo civilizado de todo lo natural y trascendente hace de la protagonista una belleza fatal que causa la desgracia entre los seres humanos. El contraste entre estos dos microcosmos se subraya en la obra a través de la oposición de dos espacios: a aquel espacio abierto de la Naturaleza en el cual predomina la vitalidad y la armonía se contrapone el espacio cerrado de la casa donde reina el abandono, la decrepitud y el caos.

La bifurcación del espacio señala simbólicamente el conflicto de un mundo en el cual se ha producido la escisión absoluta entre la Naturaleza y el ámbito dominado por la civilización. Más aún, el hecho de que la belleza de María Griselda sea la extensión armoniosa de la primera y una fuerza maléfica en el mundo creado por el Hombre produce en la obra una dualidad irresoluble que se plasma formalmente a través de la yuxtaposición del *märchen* y lo maravilloso pertenecientes al ámbito natural y la tragedia que tiene lugar entre los seres humanos civilizados.

La llegada de Ana María a la casa está marcada por una serie de signos premonitorios que anticipan el desenlace de una tragedia. La tormenta crea una atmósfera de temor y angustia que se especifica en la obra de la siguiente manera: «Un trueno. Un solo trueno. ¡Como un golpe de gong, como una señal! Desde lo alto de la cordillera, el equinoccio anunciaba que había empezado a hostigar los vientos dormidos, a apurar las aguas, a preparar las nevadas. Y ella recuerda que el eco de ese breve trueno repercutió largamente dentro de su ser, como si le hubiera anunciado asimismo el comienzo de algo maléfico para su vida...» (p. 42). A medida que Ana María va conociendo los pormenores de la situación creada por la belleza de María Griselda, se dan, a manera de contrapunto presagiante otros elementos de función ominosa: el sonido del reloj repercute en la mansión en una forma extraña y espeluznante, un chuncho desgarra incesante su pequeño grito misterioso y una zorra lanza a ratos «su eructo macabro y estridente» (p. 57).

En rasgos generales, la tragedia, según la definición de Aristóteles, se caracteriza como una obra que posee un desenlace funesto y que tiene como propósito despertar la piedad y el temor en el espectador [17]. En la tradición literaria occidental, la tragedia se destaca, sin embargo, como una forma proteica cuyos elementos constitutivos varían de acuerdo a la época y a los valores de la sociedad en la cual se origina. Así, por ejemplo, el *status* social del héroe trágico ha sufrido modificaciones significativas: si en la tragedia griega, éste se definía como un individuo de cierta importancia y en las obras de William Shakespeare era un monarca o un príncipe, en las tragedias de Ibsen, pertenece a la clase media y, en un número importante de tragedias del siglo xx, el héroe trágico pertenece al proletariado. De manera similar, la naturaleza del conflicto trágico ha experimentado variaciones: la venganza y re-

---

[17] Aristóteles la define de la siguiente manera: «La tragedia es, pues, la imitación de una acción de carácter elevado y completa, dotada de cierta extensión, en un lenguaje agradable, llena de bellezas de una especie particular según sus diversas partes, imitación que ha sido hecha o lo es por personajes en acción y no por medio de una narración, la cual, moviendo a compasión y temor, obra en el espectador la purificación propia de estos estados emotivos». (*Poética,* Madrid: Ediciones Aguilar, 1966, pp. 37-38.)

laciones familiares en las tragedias de Shakespeare dieron paso posteriormente a los conflictos de amor y honor, por otra parte, aquellos problemas sociales planteados por Ibsen se extienden a la lucha de clases en la tragedia contemporánea de compromiso político. Por lo tanto, en cada época se concibe la naturaleza trágica en la existencia del Hombre según una visión del mundo particular. Dada la forma proteica de la tragedia, es siempre útil estudiarla a la luz de sus antecedentes griegos con el objetivo de delimitar aquellas características asumidas según una cosmovisión determinada.

Un aspecto que llama la atención en «La historia de María Griselda» se relaciona con los factores que conducen a un desenlace funesto. En la tragedia griega, éste provenía, en esencia, de la falla trágica del héroe quien poseía una debilidad o cometía un error; la *hybris* o el exceso, en una sociedad que valoraba la mesura y el equilibrio, producían el cambio de la felicidad a la desgracia [18]. El desenlace trágico en la obra de María Luisa Bombal no tiene su fundamento en la heroína misma caracterizada como la imagen de la perfección y la bondad, por el contrario, éste surge de la incomprensión y la ausencia de espiritualidad en un mundo moderno que degrada toda trascendencia del cosmos armonioso. Es más, la fatalidad que tiñe la belleza de la heroína se diferencia, en forma notable, de aquélla observada en Circe de la Odisea o «La Belle sans Merci», de John Keats, puesto que las fuerzas del mal que producen la destrucción del Hombre no provienen de María Griselda, sino de la inhabilidad y degradación de quienes

---

[18] Para Aristóteles, el cambio de fortuna se da en el héroe, el cual es un hombre que «sin ser eminentemente virtuoso ni justo, viene a caer en la desgracia, no en razón de su maldad y de su perversidad, sino como consecuencia de uno u otro error que ha cometido...» (*Ibid.,* p. 55).

la rodean. Esta incapacidad para comprender y aprehender el sentido pleno que su belleza conlleva se hace evidente, por ejemplo, en la situación de Alberto, su esposo, quien se debate en la angustia ante la imposibilidad de poseerla totalmente. Dominado por la ambición de capturar cada expresión de su belleza intangible y perfecta, Alberto no logra darse cuenta que dicha relación sólo sería posible a través de una comunicación espiritual que fuera más allá de la posesión sexual. Por esto, el pasaje en el cual él mata a las palomas que siguen a María Griselda es de valor altamente simbólico. En su deseo de capturar la fragilidad y la belleza de lo vital, Alberto destruye la esencia misma de la vida y sus manos ávidas en vano tratan de aprisionar lo que fue puro y perfecto. Como típico hombre del siglo xx que cree dominar el mundo que lo rodea a partir de la razón y la violencia, Alberto es incapaz de comprender que la vida es esencialmente intangible y maravillosa.

Según la concepción del mundo observada en la obra, el hecho patético —es decir, aquella acción que causa el sufrimiento y la destrucción— tiene sus orígenes en la degradación espiritual del mundo moderno donde se ha perdido todo contacto con el cosmos y sus extensiones maravillosas. A través de la confesión de María Griselda, luego que Sylvia se suicida por despecho, sabemos que su belleza perfecta y pura constituye una pesada carga en un mundo dominado por los celos, el egoísmo, la ambición y la envidia. Durante la niñez, careció del afecto de su familia, quien la consideraba un eslabón perdido en la cadena humana por su belleza excepcional. Desde entonces, la protagonista ha sido víctima de la soledad en un microcosmos ajeno a la magia y perfección de la Naturaleza. Por otra parte, no obstante sus ojos reflejan la fertilidad de todo lo natural, ella no ha podido prolongar su belleza en otra vida. Este hecho sugiere el valor simbólico de una fertilidad tronchada que representa la pérdida irremediable de un cosmos armónico de trascendencia espiritual.

El motivo de la bellcza perfecta —elaborado en la obra como encarnación de lo intangible y profundo del ámbito primordial— plasma la concepción de un mundo en el cual se han perdido los verdaderos valores. Por consiguiente, la existencia se ha transformado en: «Ese eludir o perder nuestra vida encubriéndola tras una infinidad de pequeñeces con aspecto de cosas vitales» (p. 70). María Luisa Bombal nos entrega así un mensaje que ha estado latente en todas sus obras y que se relaciona con el conflicto entre lo femenino enraizado en lo maravilloso ancestral y lo masculino racionalizador. El triunfo de este último y la consecuente pérdida del nexo materia-espíritu precipita una tragedia que anula toda posibilidad de armonía y felicidad.

BIBLIOGRAFIA

OBRA

La última niebla. Buenos Aires: Editorial Colombo, 1934.
La amortajada. Buenos Aires: Editorial «Sur», 1938.
«Las islas nuevas». *Sur,* núm. 53 (febrero 1939), pp. 13-34.
«El árbol». *Sur,* núm. 60 (septiembre 1939), pp. 20-30.
«Mar, cielo y tierra». *Saber vivir,* núm. 1 (Buenos Aires), 1940, páginas 34-35.
«Trenzas». *Saber vivir,* núm 2 (Buenos Aires), 1940, pp. 36-37.
«Lo secreto». *La última niebla.* Santiago, Chile: Editorial Nascimento, 1941.
«Washington, ciudad de las ardillas». *Sur,* núm. 106 (septiembre 1943), pp. 28-35.
«La historia de María Griselda». *Norte,* núm. 10 (agosto 1946), pp. 34-35 y 48-54.
House of Mist. Nueva York: Farrar, Straus & Co., 1947.
The Shrouded Woman. Nueva York: Farrar, Straus & Co., 1948.
«La maja y el ruiseñor». *Revista Viña del Mar,* núm. 7 (enero 1960), pp. 8-12.
New Islands. Nueva York: Farrar, Straus & Giroux, 1980.

ENTREVISTAS DE INTERES

A. «María Luisa Bombal quiso ser actriz, vivió en el Sur, le gusta el misterio y escribe novelas». *Ercilla,* 17-I-1940, pp. 18-19.

Marjorie Agosín. «Entrevista con María Luisa Bombal». *The American Hispanist,* vol. III, núm. 21 (noviembre 1977), pp. 5-6.

Marta Blanco. «La implacable Bombal y sus bondades». *Paula,* núm. 204, 29-X-1975, pp. 29-31.

Alfonso Calderón. «María Luisa Bombal: Los poderes de la niebla». *Ercilla,* 8-IX-1976, pp. 39-42.

Carmen Merino. «Una mirada al misterioso mundo de María Luisa Bombal». Eva, 3-II-1967, pp. 10-13.

Poly Michell. «María Luisa Bombal: Entre la niebla y el sol». *Las Ultimas Noticias,* 4-IX-1976, p. 11.

M. V. «María Luisa Bombal en Chile». *El Diario Ilustrado,* 21-IV-1939, pág. 3.

Victoria Pueyrredón. «María Luisa Bombal». *Quién es quién,* Suplemento de *Comentarios Bibliográficos Americanos* (Montevideo), 1973-1974.

— «La niebla de Dios». *El País.* 26-XII-1971, pp. 2-3.

Malú Sierra. «La increíble historia de María Luisa Bombal». *Cosas,* núm. 1, 14-X-1976, pp. 28-30.

Sara Vial. «María Luisa Bombal prepara ciclo de temas históricos», *Qué pasa,* 13-XI-1975, pp. 8-11.

SELECCION DE RESEÑAS LITERARIAS

Alone (Hernán Díaz Arrieta). *«La última niebla».* La Nación, 24 de marzo 1935, p. 3.

— *«La amortajada».* La Nación, 5-VI-1938, p. 2.

— *«La última niebla».* El Mercurio, 23-IX-1962, p. 11.

— «La historia de María Griselda», *El Mercurio,* 28-XI-1976.

Araneda Bravo, Fidel. «Novelas de María Luisa Bombal». *El Diario Ilustrado,* 25-I-1970, p. 4.

— «Entre María Luisa y María Griselda», *Las Ultimas Noticias,* 31-X-1976, p. 5.

Arraño, Alberto. *«La amortajada».* La Tribuna, 9-IX-1975, p. 3.

Babín, María Teresa. «María Luisa Bombal, *La amortajada». Revista Hispánica Moderna,* VII (Nueva York), (1941), pp. 256-257.

Billa Garrido, Agustín. «Novelas de María Luisa Bombal». *El Diario Ilustrado,* 19-X-1969, p. 14.

Borges, Jorge Luis. «*La amortajada*». *Sur,* núm. 47 (1938), pp. 80-81.

Brand. «*La amortajada*». *La Nación,* 29-IV-1938, p. 2.

Brown, Catherine Meredith. «Haunted Hacienda». *Saturday Review of Literature* XXX (Nueva York), 3-IV-1947, p. 22.

Cadenas, Antonio. «La historia de María Griselda». *La Prensa,* 30 de octubre 1976.

Concha, Edmundo. «*La última niebla*». *El Mercurio,* 21-VII-1974, p. 5.

Correa C., Carlos René. «María Luisa Bombal». *Atenea,* núm. 199 (enero 1942), pp. 17-22.

Durán, Fernando. «María Luisa Bombal: *La historia de María Griselda*». *El Mercurio,* 13-III-1977, p. 5.

Gudiño Kieffer, Eduardo. «María Luisa Bombal: La percepción poética». *El Mercurio,* 20-II-1972, p. 5.

Lago, Tomás. «*La última niebla*». *Atenea,* núm. 119 (mayo 1935), pp. 258-260.

— «Con motivo de *La amortajada* de María Luisa Bombal». *Hoy,* núm. 355 (septiembre 1938), pp. 66-67.

Latcham, Ricardo. «*La última niebla,* por María Luisa Bombal». *La Opinión,* 23-III-1935.

— «*La última niebla* y *La amortajada*». *La Nación,* 14-XII-1941.

Muñoz Lagos, Marino. «*La última niebla* de María Luisa Bombal». *El Magallanes,* 3-XI-1967, p. 3.

— «*La amortajada*». *El Magallanes,* 24-I-1970, p. 3.

M. V. «*La amortajada*». *El Diario Ilustrado,* 23-IV-1938, p. 3.

Pérez, Floridor. «María Luisa Bombal: *La amortajada*». *La Tribuna,* 14-X-1969.

Rabassa, Gregory. «María Luisa Bombal. *House of Mist. The Shrouded Woman*». *Revista Hispánica Moderna* XVI (Nueva York), (1950), p. 147.

Raser, George. «María Luisa Bombal, *La amortajada*». *Books Abroad,* XIII, 1939, p. 102.

Suárez Calimano, Emilio. «*La amortajada,* novela de María Luisa Bombal». *Nosotros,* vol. 8, núm. 30 (septiembre 1938), pp. 186-187.

Valente, Ignacio. «María Luisa Bombal: *La amortajada*». *El Mercurio,* 11-II-1968, p. 3.

— «*La última niebla*». *El Mercurio,* 5-X-1969, p. 3.

— «*La historia de María Griselda*». *El Mercurio.* 5-XII-1976.

ESTUDIOS Y COMENTARIOS CRITICOS

Adams, M. Ian. *Three Authors of Alienation*. Austin: University of Texas Press, 1975, pp. 15-35.

Alegría, Fernando. *Historia de la novela hispanoamericana*. México: Ediciones de Andrea, 1966, pp. 219-220.

Allen, Martha E. «Dos estilos de novela: Marta Brunet y María Luisa Bombal». *Revista Iberoamericana,* XVIII, núm. 35 (febrero-diciembre 1952), pp. 63-91.

Alone (Hernán Díaz Arrieta). *Historia personal de la literatura chilena.* Santiago, Chile: Empresa Editorial Zig-Zag, 1954, p. 234.

Alonso, Amado. «Aparición de una novelista». *Nosotros* I, núm. 3 (junio 1936), pp. 241-256.

Campbell, Margaret V. «The Vaporous World of María Luisa Bombal». *Hispania,* XLIV, núm. 3 (septiembre 1961), pp. 415-419.

Debicki, Andrew P. «Structure, Imagery and Experience in María Luisa Bombal's 'The Tree'». *Studies in Short Fiction,* vol. VIII (Invierno 1971), pp. 123-129.

Fernández, Franco. «Análisis de *La última niebla,* de la escritora chilena María Luisa Bombal». *Repertorio Americano,* Año III, núm. 5 (octubre 1976-septiembre 1977), pp. 53-59.

Geel, María Carolina. *Siete escritoras chilenas.* Santiago, Chile: Editorial Rapanui, 1953, pp. 33-43.

Goić, Cedomil. «*La última niebla:* Consideraciones en torno a la estructura de la novela contemporánea». *Anales de la Universidad de Chile,* núm. 128 (1963), pp. 59-83.

— «*La última niebla*». *La novela chilena: Los mitos degradados.* Santiago, Chile: Editorial Universitaria, 1968, pp. 144-162.

— «'El árbol', de María Luisa Bombal». *Castellano: Segundo Año de Enseñanza Media.* Santiago, Chile: Editorial Universitaria, 1970, pp. 50-53.

— «*La amortajada*». *El Cronista,* 25-XI-1976, p. V.

Guerra-Cunningham, Lucía. «Función y sentido de la muerte en *La amortajada* de María Luisa Bombal». *Explicación de Textos Literarios,* vol. VII, núm. 2 (1978-1979), pp. 123-128.

Hermosilla S., Julia. «Lectura interpretativa de 'Las trenzas' de María Luisa Bombal». *Estudios Filológicos,* núm. 10 (Valdivia), (1974-1975), pp. 81-92.

Ivelic K, Radoslav y Sepúlveda Ll., Fidel. «Bases críticas para una valoración de la novela chilena». *Aisthesis,* núm. 3 (1968), páginas 62-63, 69-71 y 86-88.

Leal, Luis. *Historia del cuento hispanoamericano.* México: Ediciones Andrea, 1966, pp. 125-126.

Levine, Linda Gould. «María Luisa Bombal from a Feminine Perspective». *Revista/Review Interamericana,* IV, núm. 2 (Verano 1974), pp. 148-161.

Luraschi, Ilse Adriana. «Coincidencia, ideología y ambigüedad: María Luisa Bombal, Katherine Mansfield y Virginia Woolf». Ponencia presentada en el Tercer Congreso de Escritoras Latinoamericanas, Ottawa, mayo 1978.

— «Función estructural de la ambigüedad en 'El árbol' de María Luisa Bombal». Ponencia presentada en el congreso anual de la Asociación Canadiense de Hispanistas, Montreal, mayo 1978.

— «Una nueva lectura de 'El árbol' de María Luisa Bombal a través del método de presuposición lingüística». Ponencia presentada en la convención anual de la AATSP, Toronto, agosto, 1979.

Menton, Seymour. «Comentario a 'El árbol'». *El cuento hispanoamericano.* México: Fondo de Cultura Económica, 1968, pp. 40-41.

Natella, Arthur A. «Algunas observaciones sobre el estilo de María Luisa Bombal». *Explicación de Textos Literarios,* vol. III, núm. 2 (1974-1975), pp. 167-171.

— «El mundo literario de María Luisa Bombal». *Cinco aproximaciones a la narrativa hispanoamericana.* Madrid: Editorial Playor, 1977, pp. 133-159.

Nelson, Esther W. «The Space of Longing: *La última niebla». The American Hispanist,* vol. III, núm. 21 (noviembre 1977), páginas 7-11.

Peña Muñoz, Manuel. «La presencia del mar en el cuento 'Lo secreto'». *Nueva Revista del Pacífico,* núm. 4 (octubre-diciembre 1976), pp. 128-131.

Santana, Francisco. «La nueva generación de novelistas chilenos». *Atenea,* núm. 286 (1949), pp. 62-92.

Silva Castro, Raúl. *Panorama de la novela chilena.* Santiago, Chile: Editorial Nascimento, 1949, p. 45.

Sosnowski, Saúl. «El agua, motivo primordial de *La última niebla».* *Cuadernos Hispanoamericanos,* núms. 277-78 (julio-agosto 1973), pp. 365-374.

Torres-Rioseco, Arturo. «El nuevo estilo en la novela». *Revista Iberoamericana,* III, núm. 5 (febrero-mayo 1941), pp. 75-83.

— *Ensayos sobre literatura latinoamericana.* México: Fondo de Cultura Económica, 1958, pp. 179-190.

Turek, Rosa S. «El escapismo: Dos perspectivas del mismo tema en *La última niebla* de María Luisa Bombal». *Norte,* núm. 275, pp. 59-62.

Valdivieso, Mercedes. «Social Denunciation in the Language of 'El árbol' (The Tree) by María Luisa Bombal». *Latin American Literary Review,* núm. 9 (1976), pp. 70-76.

— «Relaciones femeninas enajenadas en *La última niebla* y *La amortajada».* Ponencia presentada en el Tercer Congreso de Escritoras Latinoamericanas, Ottawa, mayo 1978.

Valenzuela, Víctor M. *Grandes escritoras hispanoamericanas: Poetisas y novelistas.* Bethlehem: Lehigh University, 1974, pp. 108-109.

Vidal, Hernán. *María Luisa Bombal: La feminidad enajenada.* Barcelona: Hijos de José Bosch, S. A., 1976.

TESIS Y DISERTACIONES

Cárcamo, Luisa, Inostroza, Gloria y Menz, Patricia. «Virginia Woolf y María Luisa Bombal». Tesis de grado. Colegio Regional de Temuco, 1971.

Cortés Rodríguez, Hugo. «María Luisa Bombal en el fondo de sus obras». Tesis de grado. Universidad Católica (Chile), 1966.

Hermosilla S., Julia. «Análisis de los cuentos de María Luisa Bombal». Tesis de grado. Universidad Austral (Chile), 1966.

Mora Cruz, Gabriela. «María Luisa Bombal». Tesis de grado. Universidad de Chile, 1954.

Serros, Robert. «La felicidad vista a través del amor, la soledad y la muerte en la obra literaria de María Luisa Bombal». Disertación. University of Southern California, 1971.

Peña Muñoz, Manuel. «Vida y obra de María Luisa Bombal». Disertación. Universidad Complutense de Madrid, 1978.

Sweatt, Eleanor Dunn. «A Study of *La amortajada* by María Luisa Bombal». Tesis de maestría. University of Virginia, 1972.

Verdugo Valenzuela, Violeta. «La técnica narrativa de María Luisa Bombal». Tesis de grado. Universidad Católica (Chile), 1963.

EDITORIAL PLAYOR, S. A.

Colección Nova Scholar

OBRAS PUBLICADAS

Pío Baroja en sus memorias, Teresa Guerra de Glos.

La poesía pura en Cuba, Marta Linares Pérez.

La estética de Octavio Paz, Luisa M. Perdigó.

León de Greiff: una poética de vanguardia, Orlando Rodríguez Sardiñas.

El grupo de Guayaquil: Arte y técnica de sus novelas sociales, Karl H. Heise.

Teatro hispanoamericano de crítica social, Pedro Bravo-Elizondo.

El teatro de Jacinto Grau, Miguel Navascués.

Unamuno: el personaje en busca de sí mismo, Rosendo Díaz-Peterson.

La novela de Hernández Catá, Gastón Fernández de la Torriente

Filosofía y literatura: aproximaciones, Humberto Piñera.

El desarrollo estético de la novela de Unamuno, Ricardo Díez.

Los cuentos de Juan Rulfo, Donald K. Gordon.

Antología de Albas, Alboradas y poemas afines en la Península Ibérica hasta 1625, Dionisia Empaytaz.

Ecos del viento, silencios del mar: La novelística de Ignacio Aldecoa, Charles R. Carlisle.

La huella española en la obra de Borges, Raymond H. Doyle.

Cinco aproximaciones a la narrativa hispanoamericana: S. Sarduy, A. Carpentier, J. Rulfo, M. L. Bombal y Eliseo Diego, Varios autores.

EN PREPARACION